有为而治

——节俭、高效与乡村治理现代化——

吕德文 著

人民东方出版传媒
People's Oriental Publishing & Media
東方出版社
The Oriental Press

图书在版编目（CIP）数据

有为而治：节俭、高效与乡村治理现代化 / 吕德文 著 . — 北京：东方出版社，2023.8
ISBN 978-7-5207-3456-1

Ⅰ. ①有… Ⅱ. ①吕… Ⅲ. ①农村—群众自治—研究—中国 Ⅳ. ① D638

中国国家版本馆 CIP 数据核字（2023）第 085077 号

有为而治：节俭、高效与乡村治理现代化
（YOUWEIERZHI:JIEJIAN GAOXIAO YU XIANGCUN ZHILI XIANDAIHUA）

作　　者：吕德文
责任编辑：江丹丹　叶　银
责任审校：蔡晓颖
出　　版：东方出版社
发　　行：人民东方出版传媒有限公司
地　　址：北京市东城区朝阳门内大街 166 号
邮　　编：100010
印　　刷：北京启航东方印刷有限公司
版　　次：2023 年 8 月第 1 版
印　　次：2023 年 8 月第 1 次印刷
开　　本：880 毫米 × 1230 毫米　1/32
印　　张：11.5
字　　数：200 千字
书　　号：ISBN 978-7-5207-3456-1
定　　价：69.00 元
发行电话：（010）85924663　85924644　85924641

推荐序

一

在传统时期，符合国家治理逻辑的乡村治理往往是无为而治的，过于积极的行政，反而会给社会带来不必要的负担。因此，很长时间以来，乡村治理一直维持着无为而高度简约主义的治理传统，而且这种简约主义的治理传统还逐渐融入了人民公社、“乡政村治”的治理体系之中。农业税费改革后，简约主义的治理模式依然在乡村发挥着积极作用，还在治理资源下沉的过程中获得了国家的支持和保障，并成功融入了新的乡村治理体系之中。这充分表明了简约主义治理传统的韧性与生命力，它也构成了中国治理体系的独特优势。

当前，乡村治理的形势变得愈发复杂，这种复杂性可以用国家与社会的双重变奏加以概括。

一是国家这架庞大的治理机器变得日益精密，不少属于乡村治理的事务，纷纷上升为国家层面的治理目标。尤其是农业税费改革后，国家向乡村社会源源不断地输入了大量的公共资源，推动了乡村社会的规划性变迁。从道路、水电、网络等基础设施的完善，到精准扶贫和乡村振兴等保障性、发展性政策的有效实施，都体现了国家推动乡村社会发展，进入农民日常生活的积极治理愿景。不仅如此，国家也有能力通过各种治理手段与技术工具，将国家层面的治理目标转化为需要乡村治理体系加以应对和完成的任务，并试图为乡村治理工作设置一套现代化的工作方式和工作流程。

二是乡村社会也处于不断变化中，在现代性力量的冲击下，乡村的人、财、物快速外流，原有的乡土社会规范被逐步打破，完整的社会关系网络出现了碎片化的趋向，当前的乡村已经很难符合人们脑海中有关熟人社会的传统想象了。这既意味着乡村社会亟待重建和再造，也意味着传统的乡村治理体系正在失去其存在的社会土壤，并对基层治理提出了新的重要挑战。如此，在国家与社会的双重变奏下，乡村治理不仅成了国家治理转型的投射，而且也决定了国家治理变革的成败，而本书意图讨论的，便是乡村治理体系在现代化进程中的定位和走向问题。

乡村治理体系的建设显然已经进入新的时期。为了促进乡村治理体系的优化，可以采取的路径有很多，制度化、法治化、信息化、规则化、智能化等现代治理方式，是当前经常被提到的建设方向。按照线性的现代化观念，依靠更具现代性的制度与技术，肯定要优先于其他治理方式，而传统治理模式也就通常被扔进前现代性的陈旧箩筐中，成为治理现代化的“淘汰品”。

学界不少理论也大体以此来预设和构想未来的乡村治理体系。显然，这些符合现代化模板的治理方式本身并没有问题，不少也已经被应用到具体的治理领域，取得了良好的效果。例如，在农村社会保障政策实施的过程中，技术治理对于提高基层治理中的福利认证能力，起到了重要的积极作用，大幅度地提高了农村的社会保障水平。在经济发达地区的农村，各种技术治理的应用场景更是被不断开发出来，便利了基层治理事务的处置，这些的确带来了基层治理方式的变革。但是，如果希望通过技术、制度、法治等现代化的手段，去框定与编码乡村大量无法被格式化的人和事，以此替代依靠社会关系、社会信任来维系的治理方式，那结果可能会不尽如人意。从根本上说，用现代化的线性思维构想未来的乡村治理体系，既是一种二元对立的惯性化思维的延续，也是制度想象力匮乏的表现。

与之相对的则是，国家对乡村治理体系的定位，对乡村治理现代化的方向提出了更具包容性的新构想。在党的十九届四中全会上，党中央不仅强化了党对乡村治理体系的领导，而且将不同的治理资源和治理方式组合起来，自治、法治、德治被同时放置在治理体系建设核心要素的位置上。尽管这一治理现代化的方案尚需大量理论阐释与实践经验赋予其更丰富的内涵，但足以说明中国乡村治理的现代化，注定不是某种单一制度或治理方式构成的僵化体系，而是不同的制度因素在特定的治理场景中相互碰撞、互动、交织的过程，由此形成的乡村治理体系将能够兼容不同的治理方式，充分汲取中国制度的独特优势，适应乡村社会的复杂需求。在这一意义上，中国乡村治理的现代化本身就包含了吸纳旧的治理传统和再造新的治理方式的治理延续与继替过程，它将是乡村治理体系不断演化、发展、与时俱进的结果，而非按照现代化的统一模板对传统治理进行简单替代。这也使得简约主义的治理传统，在新时期获得了新的制度空间，也蕴含着亟待发掘的学术意义。

基于此，“有为而治”为乡村治理现代化提供了一种可行的治理理念与实践方向。“有为而治”首先表达了一种国家积极有为的治理态度，以区别传统“无为而治”下国家对社会的弱干预与弱治理。在国家与社会的双重变奏下，乡村治理既要承接国家的治理事务，又要能够灵活回应社会需求，这无疑都建立在国家积极有为的基础上。乡村社会变革带来的社会内生治理资源的式微，更是对国家的正式治理资源提出了更高诉求。因此，乡村治理现代化离不开积极有为的国家权力，为了应对复杂治理的需求，乡村也必然要吸纳现代性的要素，建立起更加规范、完备的治理体系。

然而，国家的积极有为以及与之伴生的正式治理体系并不一定会带来理想中的有效治理，“有为而治”表达的另一重重要意涵在于，要警惕为了追求现代化转型的形式目标而进行的“乱作为”。乡村治理体系的改造和创新需要秉持治理的实用主义原则，将节俭和高效的简约治理传统融入积极有为的国家实践中。随着国家能力的与日俱增，如果缺乏审慎理性的治理态度，那国家强大的资源调度能力与权力网络，很可能演变为对乡村社会的干扰，并浪费大量的公共资源，这显然不是乡村治理现代化所追求的。

由此可见，“有为而治”既不是对传统简约治理模式的简单复刻，也不拘泥于制度化、规范化、技术化、法治化这些现代化的典型模板，而是超越传统国家的“无为而治”与现代国家的“过度治理”，试图建立延续简约主义治理传统的现代化治理体系。这一治理体系能够应对新时期的国家治理需求，具备更多元的治理工具与手段，但仍然重视治理绩效与实质正义的治理价值，能够有效减少公共资源的浪费与社会负担，实现节俭、高效的运行。相比于线性的现代化思维，“有为而治”的实用主义精神以及包容传统与变革的兼容性，为乡村治理体系的现代化建设提供了更大的想象空间。

二

那么，在乡村治理的现代化进程中，简约治理如何能够融入积极有为的治理实践中？从广泛的田野调查看，为了推动乡村治理体系的转型，近年来国家向乡村社会投入了巨量资源，以强化基层政府与村级组织的公共服务职能；为了防止基层“乱作为”与“不作为”，各类技术化的监督检查体系在近年来也纷纷建立，它们使国家权力更细密地渗透进基层治理的方方面面。但是，大量资源在输入的过程中，也出现了公共资源的浪费，一些基础设施项目花费了数千万元的财政资金，但从建成起就没有真正投入使用；有的产业扶贫项目动辄投入数百万元，但生产出来的农产品几乎没有进入过市场，多是被扶贫单位通过财政资源买单或兜底。与之同时，在监督问责的压力下，基层政府与村级组织治理的形式规范性不断强化，而其衍生的形式主义问题则逐渐成为基层治理的新顽疾。国家这些积极作为却治理效果不佳的案例，正在乡村治理实践中频频发生。这不得不令人想到，国家所供给的资源与下沉的权力，以看似科学的、符合程序的理性方式，反而无法直接有效对接乡村社会的治理需求，这也表明简约治理与积极国家权力的有机融合并非易事。

然而，这也并非新时期乡村治理的全貌。伴随着国家治理重心的下沉，为了完成日益复杂的治理任务，各地地方政府积极投入治理创新的实践中，重新搭建适应新时期需求的乡村治理框架。这些创新实践有效激发了基层治理的活力，强化了基层治理能力，也极大地释放了乡村社会与正式体制蕴含的巨大能量，且不少先进经验已经上升为国家政策，或实现了横向的政策学习效应。正是在这一意义上，当前的乡村治理处于重要的变革时期，地方政府与乡村社会的广泛探索，可能引发一系列的负面效应，但也产生着大量具有借鉴性的治理经验，这些地方探索过程及其形成的结果在很大程度上将成为中国乡村治理现代化的样本，从而具有当下性与未来性的双重特征。显然，乡村治理在未来究竟会如何演化、发展，都还未成定数，面临很多的不确定性，但基层正是要在这一过程中去芜存菁，凝练出具有真正适应性与有效性的乡村治理体系。

这也表明，积极有为的治理，不仅需要强大的国家能力作为支撑，而且也需要依赖乡村治理体系将国家治理资源转化为有效治理效能。将简约治理的传统注入积极有为的治理实践中，在根本上就是要发挥各方主体的积极性，将国家的“有为而治”与基层的“有为而治”相结合，形成富有活力与创造力的乡村治理体系。其中，国家的“有为而治”体现在它能够为乡村治理提供正式资源与制度支持，塑造各方主体行动的合理规范边界。“有为而治”需要国家张弛有度，灵活调整与地方和基层的权力关系，确保乡村治理充满能动性、主体性；基层政府的“有为而治”则主要体现在能动地利用国家体制资源与动员社会资源的能力，充分释放基层治理能力。一是根据国家的治理目标与乡村社会的需求，建立更加灵活高效的组织体系与治理机制，使乡村治理中的制度资源在治理实践中处于被激活的状态，不同的组织、人员能够得到恰当的配置，基层工作充满弹性，能够高效应对各类问题；二是形成有效的社会动员体系，通过新时期组织体系的建设，贯彻群众路线的治理传统，激发乡村社会活力。

由此，基层政府就能将既有制度资源与社会资源充分激活，因地制宜地为我所用，确保乡村治理充满能动性、主体性。简约主义的治理传统就既体现在中央与地方两个积极性的有效发挥、尊重基层的自主性与创造性上，也体现在对中国体制灵活性、群众动员能力等制度传统的充分重视上。正是这些制度优势的发挥，使乡村治理体系能够避免成为“高能耗、低效能”的臃肿机器，从而真正建立起节俭、高效的现代化治理体系，以应对新时期的治理挑战。

这既是乡村治理现代化改造的过程，也是在中国的制度传统与制度优势中开掘出独特现代化路径的过程，简约主义的治理传统与现代积极有为的国家治理相互交织，共同塑造出乡村治理的新图景。当前，对乡村治理现代化的很多理解，很容易和各种饱含着现代性意涵的制度装置、治理技术结合起来，以为用看似高级的治理方式，就能够有效应对乡村治理事务的复杂性。但实际上，乡村治理原有的制度体系本身就是近代国家政权建设的重要成果，通过机制层面的调整，就能够重新激活那些重要的制度“遗产”，甚至那些已经为人所诟病的、被正规的制度建设意图清理掉的“落后”的制度形态，也成为乡村治理现代化过程中重要的制度资源。尽管乡村治理的任务与情景发生了巨大的变革，但这些制度与传统仍将穿越历史长河，呈现出顽强的生命力。更为重要的是，看似非常现代的治理举措，在快速改造乡村治理形态的同时，也带来了一定的“现代病”。事实上，即使是早已完成现代化转型的西方国家，也始终被如何改造僵化的官僚体制、避免唯技术论，如何建立更加高效、低成本、富有弹性的治理体制等问题困扰着。这些发现，正好对一路高歌猛进的乡村治理改革，起到了有力的点醒作用。

也是在这一意义上，吕德文教授提出的“有为而治”不仅仅是抽象的治理理念，更是乡村治理走向现代化所必需的制度要素、运作机理。在“广、泛、深”的田野调查中，吕德文教授对乡村治理中的体制、机制以及当前新的治理举措，展开了深入研究，既有对乡村治理中老问题的新阐释，也有对乡村治理中新现象的理性解读。这些扎根田野的分析，摒弃了“大词”和口号，将乡村治理复杂的逻辑清晰地呈现出来，同时始终贯穿着一种理论自觉，即当前中国乡村治理体系发生的变化不但具有根本性而且具有定型性。对这些经验的挖掘与分析昭示着乡村治理未来转型的方向，这使该书对乡村治理的研究具有重要的启示意义。

从本书的具体研究看，作者真正做到了社会科学的解释。以“多中心工作”的治理困境为例，很多人会对中心工作的泛化提出批评，包括我自己在内，一直都认为中心工作在基层的增多，给乡村治理带来了沉重的负担，引发了不少乡村治理的乱象。但是，作者从乡村工作共同体的角度，剖析了组织、人员、资源在不改变体制的前提下，机制化地重组所带来的治理能力的提高。在繁重的治理任务面前，乡村工作共同体并没有采用信息化、智能化的治理方式，而是通过对传统的“乡政村治”模式的改造，创新出“顶层调度—中层执行—底层动员”的分级运作模式，探索出了适合乡村振兴目标的治理机制。更为重要的是，乡村治理机制的创新并未对治理体制“伤筋动骨”，而是充分发挥了原有治理体制的资源优势，保持了相对简约的治理形态。这些对乡村治理问题的独到见解，贯穿于全书，读来深受启发！

在未来乡村治理体系的建设中，不仅要秉持积极有为的治理目标，而且需要贯彻节俭、高效的制度理念，需要充分发掘既有制度形态的治理资源。当然，乡村治理的现代化并非仅仅涉及制度层面的问题，通过治理实践，在乡村治理机制创新中形成社会的公共性，成功濡化人心，或许才是最为关键的。在社会—人心层面，乡村治理中的积极有为主要是指将农民的国家观、公共观充分激活，并将其整合为有助于现代治理规则运行的社会基础，形成国家资源输入、社会团结再造和政权合法性生产的良性循环。在实地调研中也曾发现，国家向乡村社会输入的资源，正是在激活农民传统社群观的过程中，以较低的成本，实现了有效的社会动员，提升了乡村治理的集体行动能力。这方面虽未见于本书的具体分析，但想必也是题中应有之义。

中国的乡村治理现代化之路，注定要承担更多的治理使命，也必然会面临更多的挑战。从本书的分析来看，乡村治理的历史，已经形成了大量可用而有效的制度资源，这些都应当被充分认识并转化为新的制度优势。如果在乡村振兴战略实施中，乡村治理体系建设能够真正做到这一点，那也算是“制度自信”在乡村治理领域的生动体现了。

仇 叶

2022.7.7

目录

3 条块整合与属地管理再造

4 乡村治理空间及其有效性

5 “多中心工作”与乡村工作共同体

8 县级纪检监察的监督机制

9 监督下乡与合规化运动

10 灰色秩序与依法治理

1 导论：简约治理的现代化命题

“大道至简”这一源自道家的哲学思想，在“儒法合一”中塑造了颇具中国特色的简约治理传统。不过，现代简约治理并非无为而治，而是积极有为的治理。乡村治理要服务于农业农村现代化，是国家治理体系和治理能力现代化的有机组成部分。党的十九大报告对加强农村基层基础工作，健全自治、法治、德治相结合的乡村治理体系提出了具体的要求。党的十九届四中全会首次提出“健全党组织领导的自治、法治、德治相结合的城乡基层治理体系”。这说明，在历史、制度和实践交织的过程中，乡村治理现代化的方向和路径已经明确。中国是一个有丰富治国理政经验的国家，有着悠久的乡村治理传统。尤其是中华人民共和国成立以来，乡村治理体制几经嬗变，形成了今天的新格局。那么，如何认识乡村治理新格局呢？一个积极有为又节俭、高效的乡村治理体系如何成为可能呢？本书结合多地的工作经验，对此进行了认真探索和研究。

乡村治理的现代化指向

作为一个学术名词，“乡村治理”的概念史并不长。20世纪90年代，“治理”一词在经济、公共管理、社会学以及政治学等诸多领域兴起。按照全球治理委员会1995年发表的《我们的全球伙伴关系》中对“治理”的定义，“治理”区别于“统治”，是各种公共的或私人的个人或机构管理其共同事务的诸多方式的总和。因此，“治理”往往被阐释成“没有政府统治的治理”、多中心治理、合作治理等。1987年《中华人民共和国村民委员会组织法》试行后，国内村民自治研究逐渐将相关概念如村治、村政、村级治理等与治理理论相融合，形成了“乡村治理”的概念。

随着实践的展开，人们越来越意识到，乡村治理的内涵并不是对西方理论的简单移植，而是融合了中国乡村治理的实践和认识，既包含基层政权管理农村社会的含义，也包括群众性自治组织管理公共事务的内容。具体说来，乡村治理是国家与乡村社会接触过程中所形成的各种关系的总和。从国家建设视角来看，乡村治理具有双重性，它既是国家治理的基础，是国家治理体系的一部分，又是乡村自治能力的运用，表现为农村公共事务的自我管理。

乡村治理现代化既指向未来，又指向历史经验和当下实践。今日的乡村治理正处在十字路口，根据国家统计局的有关数据，2021年年末全国常住人口城镇化率为64.72%，公安部户籍人口城镇化率为46.7%。这意味着，在社会形态上，中国可谓告别了乡土社会，进入了城乡社会时代，乡村治理的历史条件和环境条件都有了本质的不同，其显著变化是，国家以前所未有的积极姿态介入农民的生活领域，安置和引导农民如何“过日子”的“生活治理”，成了乡村治理的重要内容。国家通过脱贫攻坚、建立城乡一体化的社会保障制度，为农民家庭维持简单再生产提供了底线保障；通过乡村建设行动、人居环境治理、公共服务均等化等措施，为都市化的生活方式提供了物质基础；通过移风易俗等行动，极大地引导了农民生活方式的转型。

因此，乡村治理并不存在一个理想的现代化模式。无论过去、现在还是未来，只要是节俭、有效的，就是现代化的。乡村治理现代化的命题，并不是说遥远的未来存在一个既定的现代化标准，由此我们需要提前去实现。党的十八届三中全会提出推进国家治理体系和治理能力现代化的全面深化改革的总目标后，学术界曾经有过一段时间的激烈讨论，他们对国家治理现代化有诸多想象，将治国理政意义上的国家治理现代化，等同于西方学术脉络中的治理转型。概言之，人们一度将国家治理现代化等同于发展多中心治理，认为过去的治理模式是不合理，也是无法适应现代社会的。一些地方亦将引入市场和社会组织参与当作乡村治理现代化的重要方法。事实上，一些看似创新的做法，反而增加了基层负担，违背了节俭原则，这些做法哪怕有效，也因治理成本过高而无法持续。

可见，乡村治理现代化源自当前乡村社会形态发生了变革，而“未来乡村”也需要现在就做一些制度储备。乡村治理需要与时俱进，这既是为了完成当前的国家治理任务，也是为了更好地适应将来农村农民的需要。但凡是超越历史条件和环境条件而人为制造的乡村治理现代化景观，都是无效且不可持续的。

乡村治理的简约主义传统

传统中国的地方治理一直有简约主义的传统，表现为准官员和半正式的行政方式被广泛采用。[①]首先，县级以下的地方治理依赖由社区自身提名的准官员来进行。与正式部门的官僚不同，这些准官员任职不带薪酬，在工作中也极少产生正式文书。他们在很大程度上自行其是，地方政府只在发生纠纷或控诉的时候才会介入。其次，地方治理并不完全依据法律制度，而是广泛运用乡规、民俗等地方性知识进行“正式权力的非正式运作”，强调治理绩效和实质正义。

简约治理的社会基础在于熟人社会。这是因为：①治理者能够充分掌握地方社会的信息，解决了信息不对称的问题；②治理者和被治理者共享地方性规范，这使治理者能够熟练运用地方性规范制衡被治理者，被治理者也可以通过地方性规范反制治理者。与此同时，简约治理还需要解决两个问题：①准官员有可能成为国家与民众之间的“赢利型经纪人”，成为一个独立的利益集团，蚕食公共利益；②基层社会边缘人的崛起有可能瓦解地方性规范，让半正式的行政方式捉襟见肘。

在传统的简约治理机制中，主要依靠士绅群体来解决这两个问题。士绅既接受了儒家文化的教化，有“国家”意识，同时，他们根植于熟人社会，掌握地方性规范的解释权，在自上

① 黄宗智：《集权的简约治理——中国以准官员和纠纷解决为主的半正式基层行政》，《开放时代》2008 年第 2 期。

而下及自下而上的政治双轨中起到接点作用。在理想状态下，基层社会的简约治理是一种“无为政治”，用少量的行政成本满足了国家治理的需求。

中华人民共和国成立之后，通过走群众路线，延续了晚清以降的国家政权建设，又创造性地继承了简约治理的传统，用较低的行政成本治国理政。首先，培育了一大批优秀乡村干部。基层党组织和政府在具体工作中团结少数积极分子作为领导的骨干，并凭借这批骨干去提高中间分子，争取落后分子。其次，强调关心群众生活、注意工作方法，系统地创造了有别于正式行政的群众工作方法，比如，抓两头带中间、说服不压服、试点、树典型等。

具体说来，中华人民共和国成立后的前三十年，国家并没有从根本上改造基层社会结构，熟人社会得以延续下来。“三级所有、队为基础”的人民公社制度不仅是一种经济制度，也是一种乡村治理体系。人民公社制度保持了熟人社会的治理传统，为中华人民共和国建立新的礼治秩序提供了可能。人们或许不能再讲长老统治，却还需要讲集体主义。一个合格的乡村干部，不仅要代表国家利益，也要保护集体利益。在这个意义上，中华人民共和国培育的乡村干部，具有极强的道德要求，符合礼治秩序的基本原理，是简约治理的人格化象征。

改革开放后的基层治理结构是“乡政村治”模式，仍然依赖于简约治理传统。一是村干部并非行政人员，他们是“不脱产干部”，属于群众的一分子。二是其工作方式也依赖于思想工作，并嵌入了农村文化网络中。只不过，简约治理的实践逻辑发生了极大改变。一方面，半正式行政人员越来越受到有效监控，尤其是随着近些年国家监察体系的建设，基层干部越轨行为受到了有效规制，历史上普遍存在的简约治理的异化风险得到了极大缓解。另一方面，随着基层治理规范化的建设以及地方性规范的式微，半正式行政方式越来越难以奏效，这在一定程度上压缩了简约治理的发挥空间。

客观上，乡村治理现代化命题是因传统简约治理模式失效而产生的。进入21世纪以来，乡村社会进入了城乡社会时代，传统意义上的简约治理的社会基础几乎已经不存在。当前，多数村庄是陌生人社会或半熟人社会，治理者已经无法完全掌握地方社会信息，信息不对称已经是乡村治理的极大难题。比如，在精准扶贫和新冠肺炎疫情防控过程中，乡村治理最核心的工作可能不是扶贫或防控本身，而是对有关人员信息的精准识别。更重要的是，一种共享的地方性规范可能不复存在。城乡社会也意味着多种观念的交杂，且基层事务并不规范化，无法用单一规则加以治理。如此，乡村治理现代化是再造乡村治理的过程，它需要在激活简约主义传统的基础上，建立一套适应现代社会的治理体系。

简约主义对官僚化的改造

从历史上看，近代以来的国家政权建设开启了乡村治理现代化的进程。众所周知，官僚化是这一进程的核心特征：①国家机构逐步扩张，前所未有地深入基层社会；②准官员为国家公务员所替代；③规章制度、程序和文书工作等行政理性化伴随其中。然而，为人忽视的是与官僚化平行的简约治理传统也延续了下来。可以说，迄今为止，简约主义和官僚化构成了乡村治理现代化的一体两面。

简约治理方法改造了官僚体系，解决了基层行政僵化的问题。基层治理除了要回应常规治理需求，还需回应诸多临时性的、突发性的重大治理任务。因而，基层治理需要在稳定性和灵活性之间实现动态平衡。毛泽东同志在《关于领导方法的若干问题》中指出，“在任何一个地区内，不能同时有许多中心工作，在一定时间内只能有一个中心工作，辅以别的第二位、第三位的工作”。[①]这种按照工作中心重新组合行政力量以提高工作效率的做法，便是中心工作机制，这一机制体现了国家治理体系的动态平衡性。因为中心工作要求加强各部门之间的分工合作，明确各行政机构的职责，这属于官僚制建设的一部分。但中心工作也要求行政力量的临时重组，各行政人员除负有机构职责外，还负有兼职完成中心工作任务的职责，这具有简约主义的特征。

简约治理和官僚制建设相互配合，极大地提高了乡村治理能力。现代国家治理能力包括汲取、强制、协调和合法化能力，这些能力相互依存、不可分割。在基层社会，国家的财政汲取能力、垄断暴力以维护社会秩序的能力以及协调各社会集团利益关系的能力，乃至于合法化能力，都需要代理人来实施。中华人民共和国成立之后，能在短期内提高基层治理能力，得益于“思想工作”等简约治理实践。仅仅从汲取能力上看，简约治理配合集体经济制度，发挥了惊人的效果。中华人民共和国成立后，国家在极短时间内，通过农业剩余的积累建立了较为健全的工业体系。在改革开放后，中央政府还通过征收农业税

① 《毛泽东选集》（第 3 卷），人民出版社 1991 年版，第 901 页。

服务城市和工业发展。为了实现农村的赶超发展，“三提五统”等农业税费还支撑了农村的水利、教育、交通等基础设施建设。

简约主义对官僚制的改造，使得乡村治理体系始终和纯粹的官僚制保持距离，客观上也延续了乡村治理的多元制度和弹性空间。

一是建立了一套与现代国家相匹配的乡村干部队伍。在现代国家，哪怕国家能力已经极为强大，正式行政力量也无法处理日益增加的治理事务。而一支非正式却日益稳定的乡村干部队伍，对处理乡村事务具有难以代替的作用。他们是干部，却保持了农民身份，也就没有群体身份意识固化的制度基础，如此才能成为国家意志在乡村社会落地的重要节点。那种大公无私的可以链接国家和农民利益的乡村干部，仍然是理想型的乡村干部。

二是建立一套行之有效的工作方法。传统中国的简约治理是儒法合一的治理，国家治理能力并不仅仅依赖于完善的行政设施，还依赖于强大的意识形态教化工作。延续至今的一些简约治理方法，不仅是一种行政技术，也是一种思想工作方法。比如，“枫桥经验”是专门工作与群众路线相结合的产物，基层广泛存在的驻村、联村、总支 / 片区等做法，亦是嵌入官僚制的节俭、高效的工作制度。

从这个角度看，如果说官僚制所内含的制度化、规范化、智能化、法治化等方向是乡村治理现代化的题中应有之义的话，那么，节俭、高效等简约主义传统，亦是乡村治理现代化的题中应有之义。事实上，节俭、高效本身也是纯粹的官僚制的初衷。只不过，乡村事务从来不纯粹，不可能“切事化”，所以因地制宜、因人而异的简约治理方法就显得尤为珍贵。

有为而治的制度空间

与传统的简约治理不同，当代乡村的简约治理发生在中国共产党积极有为地推动国家治理现代化的背景下，是一种低成本、高效率的治理方式。[①] 乡村治理现代化之所以应重视简约主义传统，并不是要在乡村刻意制造一种游离于国家之外的“世外桃源”。恰恰相反，现代乡村治理是现代国家治理的有机组成部分，人民对美好生活的需要需建立在党和国家的积极有为

① 欧阳静:《简约治理：超越科层化的乡村治理现代化》,《中国社会科学》2022 年第 3 期。

基础之上。中华人民共和国成立以来，国家治理体系和治理能力现代化本质上也要通过有为而治回应国家现代化的要求。

因此，有为而治内含“节俭”和“高效”两个特征。“节俭”意味着乡村治理体系的运转需要建立在低成本的基础之上。一些在历史上被证明行之有效的治理方法，比如自治和德治，必须坚持下来；而现代化的治理方式，比如法治，也应该结合乡村实际，与自治、德治相结合，让法治成为社会的内生秩序。“高效”则意味着乡村治理现代化的首要目标并不是满足于形式上的现代化，而是要能够有效回应乡村社会的需求。当前的乡村社会正处于巨变过程中，社会秩序在重构，人们的思想观念在改变，利益群体在分化，唯有及时、有效地回应乡村巨变的现实，才谈得上乡村治理现代化。

任何一种治理体系都是建立在一定的制度成本基础之上的，那些看似“现代”的治理体系，如果与乡村实际不相匹配，那乡村治理就如同建立在空中楼阁之上，制度也就成了摆设，当然也就不可能实现有为而治——它们更可能制造“不作为”或“乱作为”。

从节俭、高效两个关键词出发，本书尝试探讨乡村治理现代化的一种可能性：简约主义在现代乡村治理中，是否还有制度空间？针对这一问题，本书从实证经验出发，解释了那些成功的乡村治理实践是如何创造性地转化原有的制度空间，而一些现代的做法又产生了怎样的结果。

本书由三个部分构成，第一部分主要讨论乡村治理的制度空间，重点关注基层实践是如何创造性转化既有的制度设置的，共有 6 章。第 2 章从国家治理现代化的角度讨论了乡村治理现代化的历史脉络，指出了乡村治理现代化的未来指向。第 3—5 章讨论了乡村治理体系中的县、乡、村关系。乡村治理现代化的重要路径是“不变体制变机制”，在国家治理体系框架内，如何让乡村治理更为节俭、高效，核心便是理顺关系。第 3 章从条块关系角度讨论了属地管理制度的优化路径。第 4 章从乡镇体制内部，探讨了“总支”、站办所、政务服务中心等新旧机制，是如何共同拓展乡村治理空间，进而提高治理有效性的。第 5 章从驻村制和包村制出发，讨论治理负荷急剧加大的背景下“乡村工作共同体”的形塑机制。第 6—7 章则探讨了专门工作与群众路线相结合的制度形态，指出“临时工”“枫桥经验”等看似传统的制度实践，在现代化过程中却有强大生命力，是乡村治理现代化的制度资源。

第二部分共 4 章，主要讨论乡村治理现代化的具体实践，重点探讨那些现代国家的技术装置是如何改造乡村治理实践的。第 8—9 章讨论县及县以下的监督力量是如何内置于乡村治理体系，进而改造乡村治理逻辑的。以纪检监察为核心的监督力量推动了乡村治理的合规化运动，在促进乡村治理规范化的同时，也提高了基层的合规性成本，对乡村治理的有效性产生了重要影响。第 10 章讨论了乡村治理的法治化过程，指出法治化在解决基层灰色秩序过程中的关键机制。第 11 章则探讨了以互联网技术为代表的技术治理实践在乡村治理中的适配性问题，讨论了治理技术在乡村治理现代化过程中的适用限度。

第三部分则从乡村社会变迁的角度，回应乡村治理现代化的归宿。第 12 章从城乡关系的角度，讨论了一种介于传统的乡村治理和城市治理之间的城乡共治形态。这一章亦可视为一个结语，回应了导论提出的问题。很可能，乡村治理现代化的未来样态是城乡共治，而非其他任何一种理想型。

2 乡村治理现代化：历史与现实

中国是一个地域辽阔、历史悠久的超大型国家，需要应对维护国家领土完整、民族统一、文化多样、区域均衡发展等诸多挑战，形成了一以贯之却又灵活多样的国家治理模式。中国国家治理的显著特点是，在处理中央与地方政府的关系中，实现了大一统模式，在保持中央权威的同时充分发挥地方治理的多样性；在处理国家与民众的关系中，注重民本思想却又保持基层自治的完整性。本章将从国家治理现代化的视角，来描述乡村治理的历史嬗变和现实处境，进而解释乡村治理现代化的基本逻辑。

三种乡村治理模式

乡村治理是国家治理的基础，它在应对乡村社会内部不同群体、不同阶级民众之间，以及不同领域中的各种事务，实现国家治理目标时，形成了相对稳定的结构。学术界通常用“士绅模式”或“地方精英模式”来描述帝制时代中国乡村社会的治理模式，其基本特点是“皇权不下县”。政府政令通过中央自上而下的政治轨道到达县一级；在县以下，则通过乡约、差人等特殊机构到达自下而上的政治轨道，士绅可以利用一切社会关系将压力透到上层，这便是官民两便的“双轨政治”。[①]

近代以来，乡村治理被纳入了国家政权建设的轨道中，但这一进程在清末民初并不顺利，一度因为国家政权建设的“内卷化”而产生乡村治理危机。[②]中华人民共和国成立以后，才通过建立基层党组织、基层政权和各种群众性组织，完成了真正意义上的国家政权建设，这主要表现在三个方面。

第一，国家权力下沉。乡村治理不再是单纯的基层自治，而是服务于“权力下乡”，农村事务被纳入国家权力的监控范围内。

第二，规划性变迁。乡村治理不再是“无为而治”，农村资源的汲取、基础设施建设、公共服务供给等，都被纳入国家战略之中。

第三，制度化。乡村治理不再主要依赖地方性规范，而是被纳入制度化轨道。在相当长的一段时间里，制度化是以官僚化和行政理性化的形式呈现出来的。随着实践的需要，乡村治

---

① 费孝通:《乡土中国》，上海人民出版社 2007 年版。

② ［美］杜赞奇:《文化、权力与国家：1900—1942 年的华北农村》，王福明译，江苏人民出版社 2010 年版。

理的制度化有了更丰富的内涵，即着力于健全党组织领导的自治、法治、德治相结合的乡村治理新体系。

中华人民共和国成立以来的乡村治理实践，经历了人民公社、“乡政村治”和党组织领导的“三治”结合这三种模式（见表 2-1）。

表 2-1　中华人民共和国成立以来的乡村治理模式

特点	模式		
	人民公社	“乡政村治”	党组织领导的“三治”结合
治理主体	政治机构主导下的群众参与	基层政权；村级组织	基层政权；村级组织；社会组织
治理内容	资源汲取；组织生产；村庄事务	资源汲取；村庄事务	资源下沉；公共服务；村庄事务
治理方式	主要依靠国家权力	正式权力的非正式运作	自治、法治、德治相结合
主要特征	全能主义	简约治理	协同治理

这三种模式，在治理的主体、内容和方式上，既相互区别，又相互联系。1958 年，经过土地改革、农业合作化运动，人民公社制度成了真正意义上的基层政权组织。它以汲取资源和改造基层社会为主要治理目标，塑造了政治机构的权力渗透到每

一个角落的全能主义治理形态。[1]而改革开放后逐渐形成的“乡政村治”模式，意味着乡镇政府与村委会的关系不再是领导与被领导，而是指导与被指导。它虽承担着向农村汲取资源的任务，却不再干预村庄的生产和生活领域，具有鲜明的简约治理色彩。[2]而党的十九大提出，要健全自治、法治、德治相结合的乡村治理体系，这主要是服务于“乡村振兴，治理有效是基础”这一目标。党的十九届四中全会进一步提出，要健全党组织领导的自治、法治、德治相结合的城乡基层治理体系，这一新的治理体系，更加注重多重治理机制的协同性。

乡村治理的历史变迁

从历史视角看，中华人民共和国的乡村治理变迁本身就是国家治理现代化的产物。乡村治理处于特定的环境之中，不同

① 邹谠:《二十一世纪中国政治：从宏观历史和微观行动的角度看》，牛津大学出版社 1994 年版。

② 黄宗智:《集权的简约治理——中国以准官员和纠纷解决为主的半正式基层行政》,《开放时代》2008 年第 2 期。

区域、不同历史时期，乡村治理的实践也不尽相同。一方面，乡村治理嵌入了国家建设进程中。国家性质、国家能力以及国家发展阶段的差异，都会塑造出不同的乡村治理实践。另一方面，乡村治理嵌入了特定的乡村社会结构中。乡村社会结构的差异、乡村社会变迁的速度，也会塑造出不同的乡村治理实践。

中华人民共和国成立后，确立了单一制的国家治理体系，实行中央集权是实现国家一统性的前提。因此，维护中央权威，加强中央政府的各项能力是我国特色的中央和地方关系的根本特征。但在实践中，中央集权在不同领域、不同历史时期，其治理程度并不相同。换言之，在中央集权和地方分权之间，二者各自的程度始终处于变动中，这在根本上决定了乡村治理变迁的轨迹。

以中央和地方的关系为观察视角，中华人民共和国 70 多年来的乡村治理体系的变迁大致可分为三个阶段。

一是中华人民共和国成立后的前 30 年乡村治理服务于中央集权的过程。中华人民共和国成立后的前 30 年，我国逐步确立的计划经济体制，使中央对地方人权、事权和财权都有较大的支配力。也正是在这个背景下，人民公社体制主导了这一时期的乡村治理实践，其显著特点便是乡村治理服务于国家资源的汲取，用以实现工业化建设。

二是改革开放初期乡村治理“放权”的过程。我国的改革开放事业是从农村改革开始的。源自安徽小岗村大包干的农村改革，其本质自始至终都是一场对基层、对农民的“放权让利”改革。在农村家庭联产承包责任制推行以后，对中央、地方和农民三者关系的经典表述是“交够国家的，留足集体的，剩下都是自己的”，其落脚点是充分调动地方和农民的积极性。深入其中可见，微观上的“放权让利”改革，是建立在以地方分权为特征的宏观体制变革基础之上的。

三是20世纪90年代后乡村治理逐步“均权”的阶段。20世纪90年代后，中央和地方的关系呈现出明显的“均权”特征：在某些领域加强集权，在某些领域又进一步分权，集权与分权并行，复杂互动。比如，在财权领域，逐步形成了复杂的“均权”体系。一方面，中央政府在1994年进行了分税制改革，极大地强化了中央的汲取能力；另一方面，地方并未因此失去积极性，而是通过税费征收、乡镇企业及土地财政等方式，加强了地方财政的自主性。

概言之，从20世纪90年代到党的十八大之前的中央和地方的关系，经过了“复杂且灵活的动态调整”。其明显趋势是，国家在资源汲取、制度调控等方面的能力得到了加强，这使得其在宏观调控及地区均衡之间的统筹能力也得到了提升。但是，地方的自主性并未受到影响。地方政府无论是在经济发展方面，还是在社会管理及人事安排方面，都拓展了诸多空间。在乡村治理实践中，也呈现出极其复杂的景象。一方面，乡村治理呈现出鲜明的“积极行政”特征；另一方面，过于积极的乡村治理实践也制造了危机，成为世纪之交“三农”问题的主要症结。

具体而言，中华人民共和国乡村治理变迁的轨迹主要表现在三个方面。

第一，治理主体的变迁轨迹：大致而言，治理主体呈现出多元化的变迁轨迹。在人民公社时期，乡村治理主体比较单一，严重依赖政社合一的政治机构及群众动员机制。在“乡政村治”模式下，乡村治理主体逐渐多元化。一方面，基层政权的形态复杂多样，不仅有乡镇党委政府，还有由七站八所组成的数量庞大的事业单位；另一方面，村级组织也逐步多元化，村干部、党员和村民代表成为村治主体。而在党组织领导的自治、法治、德治相结合的乡村治理体系中，不仅乡镇党委政府和村两委是乡村治理的主体，各类社会组织也将是乡村治理的重要力量。

第二，治理内容的变迁轨迹：总体上，乡村治理的重心逐渐从“政务”转向“村务”。乡村治理的内容包括“政务”和“村务”两个方面，前者指执行国家法律、法规、政策规定的各项行政任务，后者指自主管理村庄公共事务。大体上，人民公社时代的乡村治理内容，主要是服务于对农业剩余的汲取，“政务”主导“村务”；在“乡政村治”模式下，“政务”和“村务”既分而治之，又相互配合；在党组织领导的自治、法治、德治相结合的乡村治理体系下，“村务”成为乡村治理的重心，大多数“政务”如民政、社保、计生等都是服务于村庄事务等“村务”的，而从村庄汲取资源的行政任务已经越来越少。

第三，治理方式的变迁轨迹：概言之，乡村治理方式的变迁具有鲜明的制度化特征。制度化主要有两个方面：一是乡村治理的制度体系不断完善；二是乡村治理的制度执行能力不断提升。人民公社时代，乡村治理主要依靠国家权力，尤其依赖政治动员和基层干部的工作经验，制度化程度比较低；而在“乡政村治”模式下，虽然行政理性化不断加强，但其制度执行能力较差，很多情况下要依赖正式权力的非正式运作。党的十八大以来，乡村治理现代化被提上了议事日程，健全党组织领导的“三治”相结合的乡村治理体系，也意味着乡村治理能力的提升。

乡村治理处于国家治理体系的最基层，嵌入了乡村社会中，需要与民众进行广泛接触。因此，乡村治理的变迁轨迹是在国家与社会关系的支配下进行的。

一方面，传统国家代表特定的统治阶级利益，国家治理能力不足，国家汲取农业剩余的动力也不强，再加上传统的乡土社会具有较为完整的村落共同体，乡村社会变迁的速度较为缓慢，乡村治理具有鲜明的“无为而治”的特点。现代国家的国家治理能力较强，乡村社会急剧变迁，这使得乡村治理的实践更为复杂。如上所述，中华人民共和国成立以来，乡村治理体制经历过多次变更，这和国家建设的历程是相互匹配的。人民公社制度之所以存续，主要是服务于国家发展战略，服务于建立完整的工业体系和城市建设。而改革开放时期的“乡政村治”模式，主要是农村改革驱动下的产物，此时的国家建设，主要是通过市场转型来实现的，而村民自治是释放农民自主性的具体表现。进入新时代，我国启动了乡村振兴战略，需要进一步强化乡村治理效能，党组织领导的自治、法治、德治相结合的乡村治理体系便应运而生。

另一方面，不同的村庄社会形态，对乡村治理实践会产生明显不同的影响，从而产生不同的乡村治理类型。[①]原生秩序型的乡村治理，村庄具有较强内生秩序生产能力，村干部是村民的“当家人”，基层行政权力难以干预村庄事务。次生秩序型的乡村治理，村庄缺乏内生秩序生产能力，但国家正式制度能

① 贺雪峰、董磊明:《中国乡村治理：结构与类型》,《经济社会体制比较》2005 年第 3 期。

够有效落实，村干部按章办事，基层行政权力可以安排村庄事务。乡村合谋型的乡村治理，村庄没有内生秩序生产能力，正式制度也无法有效落实，村干部是谋利型的，乡镇政府通过灰色利益换取村干部合作。无序型的乡村治理，则指的是“村务”无人打理、“政务”也无法落实的乡村治理状况。

总的说来，三种乡村治理模式是由特定的乡村治理环境塑造而成的，它们之间并无优劣之分。可以这样认为，它们都较好地完成了各自的历史任务，却又有着难以克服的内在矛盾。人民公社制度成功地实现了国家和社会制度的重组，真正意义上完成了国家政权建设，并为工业化建设立下汗马功劳，但它无法调整日益紧张的国家与农民关系，最终导致了这一模式的瓦解。“乡政村治”模式有效地调动了农民的积极性，但它难以解决分散的小农与国家、市场对接的问题，引发了20世纪末的“三农”危机。[①]某种意义上，党组织领导的“三治”相结合的乡村治理体系，就是为解决“乡政村治”模式的固有矛盾而来的。

① 黄宗智：《中国乡村研究》（第五辑），福建教育出版社2007年版。

中国特色的乡村治理机制

在70多年的乡村治理实践中，虽然乡村治理模式几经变化，但一些独特的乡村治理机制却延续了下来，至今仍发挥着极其重要的作用。这些机制都是在实践经验中得以遵循的相对固定的工作方式，它具有制度内涵，有一种可以预见的规律。大致而言，这些治理机制都是在党政统合制和科层制的共同作用下形塑而成的，是中国特色社会主义制度的重要表现。

乡村治理中比较成熟的治理机制主要包括两个：一是压力型体制，二是运动式治理机制。

压力型体制

压力型体制是指一级政治组织为了完成上级下达的目标，而将这些目标分解为数量化的任务和物质化的指标体系，层层量化分解，派给下级组织和个人。为了保证实现目标，一般配以目标管理责任制，重要的指标则实行"一票否决"制。在这一体制下，每一级政治组织都在这些评价体系的压力下运行。[1]

---

① 荣敬本、崔之元等：《从压力型体制向民主合作体制的转变——县乡两级政治体制改革》，中央编译出版社1998年版。

尽管压力型体制的经验概括自县乡两级政治体制，但也适合分析乡村治理机制，它较为准确地概括了乡镇政府的运作逻辑。乡镇政府是最基层的政权组织，处于目标考核体系的末端，上级政府的所有政务都会派发下来。乡镇政府又是治理资源最为匮乏的一级政权，缺少人力、物力和财力来执行上级政策。因而，乡镇政府的运转始终处于压力之下。另外，它部分地解释了乡村关系。尽管乡镇政府与村委会的关系在不同乡村治理模式下略有差异，但在党政统合制中，乡镇党委与村党支部始终是领导与被领导的关系，再加上“村财乡管”等制度化建设，乡镇政府也可以将压力下移给村干部。

很显然，压力型体制是科层制逻辑在基层治理实践中的具体化，它本质上是政府机构内部上下级关系的具体运作。概括而言，压力型体制的运转大致包括五个步骤。

第一，明确目标。乡镇政府和领导对相关工作进行目标定位。一般情况下，先进工作要继续保持，落后工作需迎头赶上，确保关键工作合格过关。

第二，分解任务。将目标分解为数量化的任务和物质化的指标体系，分解给各村、各部门。依据工作的重要程度，其在指标体系中的比重也不一样；工作越是重要，所占比重就越高。

第三，签订目标责任书。乡镇党委政府和各村、各部门之间签订合同，以此作为考核依据。

第四，工作实施。对中心工作采取特殊措施，由重要领导亲自抓，甚至成为“一把手工程”，动员专门行政力量实施工作任务。

第五，建立奖惩机制。根据目标责任对各村、各部门和所有乡村干部进行奖励和惩罚。对一些未完成的关键任务，实施“一票否决”制，相关责任单位和责任人不能参与各个方面的先进评选。

运动式治理机制

基层运动式治理机制是一种常规化了的治理机制，它和科层制等治理结构有机结合，成了推动中心工作的重要抓手。①这一机制在中国共产党早期的群众工作中萌芽，成型于中华人民共和国成立初期的土地改革、剿匪等建政工作；在人民公社体制中，基层运动式治理机制得以成型。②比如，人民公社在农业生产和兴修水利等过程中，借用军事化的管理技术，动员群众参与“大会战”。

---

① 欧阳静：《论基层运动式治理——兼与周雪光等商榷》，《开放时代》2014 年第 6 期。

② 吕德文：《群众路线与基层治理——赣南版上镇的计划生育工作（1991 ~ 2001）》，《开放时代》2012 年第 6 期。

改革开放后，大规模的政治运动和群众动员虽然不再进行，但运动式治理机制在乡村治理中得以延续。个中缘由是，乡村治理环境复杂多变，基层治理资源也有限，这决定了乡村治理只能围绕特定时期的中心工作临时调配力量，集中力量办大事。20 世纪 90 年代，乡村治理的中心工作是计划生育和收取税费，乡村两级组织就此重新调配力量；进入新时代，乡村振兴、脱贫攻坚、环境治理等成为乡村治理的中心工作，运动式治理机制仍是有效治理的保障。

进一步分析可以发现，无论是压力型体制还是运动式治理机制，其基础都是中心工作机制，这是由乡村治理的特殊性所塑造的。乡村治理具有鲜明的季节性、事件性等特点，而基层治理资源又相对匮乏，纯粹的科层制运作并不适合，所以必须依据农村地区的历史条件和环境条件，决定每一个时期的工作重心和工作秩序。压力型体制通过加重某些工作任务在目标考核中的权重，辅以“一票否决”“一把手工程”等政治举措，确立这些工作的中心地位；运动式治理一般是在执行中心工作的过程中采取的具体措施，即最大限度地动员既有行政力量和群众参与治理。

压力型体制是科层体制自上而下运作的动力机制，以目标责任制为中心，促使下级有效落实上级行政指令。运动式治理机制则是官僚体系内部门联动的动力机制，以政治动员为核心，打破部门壁垒，加强部门间合作，集中力量办大事。这两个治理机制的背景、核心制度和解决的问题虽各不相同，却相互补充、相互支撑，构成了中国特色的乡村治理机制。

乡村治理的现实挑战

乡村治理具有双重功能，既是实现国家治理目标的重要手段，又是维护乡村秩序的基础；反过来说，乡村治理也嵌入了国家权力与乡村社会结构中，国家与社会关系的变化直接影响到乡村治理的变革。本质上，乡村治理体系是国家治理体系的一部分，国家治理体系的调整必将影响乡村治理的实践效果。具体而言，中央和地方关系的调整直接影响乡村治理的实践逻辑。

党的十八大以来，中央和地方的关系发生了较大改变，尤其是党的十八届三中全会提出国家治理体系和治理能力现代化以来，以“理顺关系”为主要特征的新型中央和地方关系正在形成，具体表现在以下三个方面。

第一，从基层创新到顶层设计。改革开放前30年的农村改革，其方法论基本上是“摸着石头过河”，强调基层创新和地方积极性在改革过程中的关键作用。在全面深化改革的背景下，地方自主性仍得到了充分发挥，基层创新亦是新时期中央和地方关系的显著特点。但是，中央通过建立全面深化改革领导小组，强调改革和各项制度建设的顶层设计，实现“全国一盘棋”。顶层设计作为一项改革方法论，具有了与基层创新同样的地位。

第二，从党政分开到党政分工。党的十八大以来，中央明确提出要加强党对各项工作的领导，只有党政分工，没有党政分开。客观上，党中央通过“小组治理”等方式，强化了党对各项工作的领导，极大地强化了中央权威。新一轮的党和国家机构改革方案也表明党政分工而非党政分开是基本原则。

第三，中央和地方的关系从调整到稳定。自党的十八届三中全会以来，中央和地方均在各个领域进行了全面改革，诸多改革都涉及中央和地方间的权力配置。就改革的基本原则看，新确立的权力配置均具有极强的制度化和规范化特征，其主要目标均是建立较为稳定的中央和地方关系。

当前，中央和地方的关系正处于全面深化改革的过程中，从各个方面进行了关系理顺。事实上，从“理顺关系”的角度看，当前的乡村治理面临着诸多挑战，包括国家与农民关系失衡、乡村治理“内卷化”、乡村治理去政治化等问题。

国家与农民关系的失衡

从宏观上看，国家与农民的关系可以分解为中央、地方与农民的关系，乡村治理是在这三层关系中展开的。在一个相对稳定的乡村治理模式中，在运转较为成熟的乡村治理机制中，国家、地方与农民的关系较为均衡，主要表现在三个方面：①中央可以有效地监控地方政府行为，国家意图得以落实；②地方政府在中央充分授权下，顺利开展乡村治理活动；③农民有较为顺畅的渠道与中央接触，防止自身权益受到损害。

从微观上看，国家与农民关系可以分解为乡镇政府、村干部与农民之间的三层关系，三者之间也构成复杂的均衡关系：①乡镇政府可以有效监控村干部行为，乡镇意图得以落实；②村干部是乡镇政府的“代理人”，合法地实施相关行政管理事务；③村干部还依据村民自治和地方性规范要求，担当村民“当家人”的角色。

然而，在当前的乡村治理实践中，有些地方的国家与农民的关系并不均衡。一方面，基层政权受到有效约束，在提高了治理规范化水平的同时，其治理能力却在一定程度上被弱化了。导致的结果是，乡村治理能力不足，农民需求无法得到有效回应。另一方面，尽管农民权益得到了有效保护，但因个体权力过于伸张导致乡村治理无序的现象越来越多。

乡村治理“内卷化”

所谓乡村治理“内卷化”，指的是乡村治理模式、机制停滞不前或无法转化的现象，表现为乡村治理行政成本的增长速度远远高于乡村治理绩效的改善速度，导致乡村治理仍在低水平运转。乡村治理“内卷化”有两个途径：①在国家从农村汲取资源的过程中，大部分资源在乡村治理过程中被耗费，并未进入国家财政；②在国家向农村转移资源的过程中，大部分资源并未进入农村，而是在乡村治理中耗费了。

20世纪前期，乡村治理“内卷化”主要表现为国家政权建设的“内卷化”，乡村治理领域出现了政权的正式机构与非正式机构同步增长的现象，国家徒有扩张却没有收益。当前，乡村治理“内卷化”主要表现为通过项目制向农村输入资源的过程中出现了资源损耗。

项目制是近十年来我国乡村治理的一个重要机制。农业税费改革以后，乡村两级组织运转主要依靠国家财政转移支付。

为了获取更多的财政资源，基层政府会不断向上级争取专项资金，并在执行项目的过程中重新动员既有的行政资源。因此，项目的制定、申请、审核、分配、变通、转化、检查与应对等一系列的环节和过程，重新塑造了乡村治理机制。从本质上看，项目制是中央和地方关系调整过程中“条条专政”的产物。它虽然加强了专项资金的监控，却客观上在基层塑造了分利秩序。简单而言，专项资金的分配具有竞争性，项目实施也引进了市场化机制，但项目实施的一系列环节和过程，伴随着利益再分配，存在诸多变通、转化之处，乡村干部、项目承包商、少数农民之间就有可能形成分利秩序。

乡村治理去政治化

乡村治理既是由各种行政方式得以实现的，又是由一定的规则、理念构成的。作为国家治理的一部分，它必须体现特定的意识形态和政治原则；作为乡村社会秩序的基础，它也必须符合地方性规范。乡村治理实践是政治和行政的统一，既要坚持原则性，又要体现灵活性。乡村治理去政治化是指乡村治理片面强调行政效果，忽视甚至违背了政治伦理，只讲究策略运用，却违反了原则。

乡村治理的去政治化主要表现在三个方面。一是基层组织奉行实用主义，只要能解决问题，就可以“不择手段”。“摆平就是水平、搞定就是稳定、无事就是本事、妥协就是和谐”已成为很多地方基层干部的共识。二是少数农民谋求私利不择手段，置国家、集体的公共利益于不顾，乐于充当“钉子户”、上访户。三是一些上级政府存在官僚主义、形式主义问题，不具体问题具体分析，在一些原则问题上充当“老好人”。

当前，在充分发扬中华人民共和国成立以来乡村治理优良传统的基础上，重构乡村治理新体系，既是国家治理现代化的内在要求，也是有效应对当前乡村治理挑战的必由之路。

乡村治理新体系

党的十九届四中全会提出健全党组织领导的自治、法治、德治相结合的城乡基层治理体系，这标志着乡村治理现代化的顶层设计基本完成。我们认为，党组织领导的“三治”相结合的乡村治理体系是中国特色社会主义制度的有机组成部分，是国家治理体系和治理能力现代化的具体成果。习近平指出，“一个国家选择什么样的治理体系，是由这个国家的历史传承、文化传统、经济社会发展水平决定的，是由这个国家的人民决定的。我国今天的国家治理体系，是在历史传承、文化传统、经济社会发展的基础上长期发展、渐进改进、内生性演化的结果。”[①]党组织领导的“三治”相结合的乡村治理体系，是在传统的“双轨政治”和中华人民共和国建立的乡村治理体制和机制的基础上演进而来的，具有深厚的历史基础，也有极强的现实意义。

基层党组织

历史地看，基层党组织建设是国家治理现代化的有机组成部分。正是通过建立基层党组织，发挥党员先锋模范作用，现代国家建设才得以在农村完成。“党领导国家”是我国国家治理体系的核心特征，五级书记一起抓乡村振兴战略，是“三农”工作的关键抓手。

近些年来，党和国家全面加强了农村党组织建设，通过推行村党组织书记“一肩挑”和村两委成员交叉任职等办法，强化了基层党组织在乡村治理中的领导地位；通过“四议两公

---

① 《习近平谈治国理政》，外文出版社 2014 年版，第 105 页。

开”等法律制度中的相关规定，保证了基层党组织在村民自治中的合法地位。在实践中，基层党组织的领导是自治、法治和德治相结合的前提，也是群众路线等中国特色社会主义治理传统发挥作用的前提。

自治

传统时代的乡村治理主要依靠宗族、宗教、乡约等，这些本质上是一种自治体制。不过，传统的基层自治与国家治理体系很难有机结合。因此，近代以来启动国家政权建设以后，乡村治理普遍面临危机。

直到中华人民共和国成立后，尤其是 1983 年 10 月中共中央、国务院发布《关于实行政社分开建立乡政府的通知》，正式宣告人民公社解体后，取而代之的是在乡镇一级建立人民政府，在村一级实行村民自治，进而确定了“乡政村治”的模式，至此村民自治在国家治理体系中的地位得以巩固。概言之，村民自治既是村民自我管理、自我服务的一种方式，也是国家治理基层社会的一种设置。

“三治”相结合的乡村治理体系仍然将自治置于首位，这既是因为自治在乡村治理实践中具有悠久的传统，又是因为新体系是在继承和发展中华人民共和国乡村治理特色的基础上建构起来的。

法治

在乡村治理现代化过程中，法治化是重要维度。乡村治理是国家治理的基石，亦是依法治理的薄弱环节；没有乡村治理法治化，就不会有国家治理现代化。

事实上，村民自治的制度设置，也是以法治的形式确立的。1988 年，《中华人民共和国村民委员会组织法（试行）》颁布；1998 年，《中华人民共和国村民委员会组织法》正式颁布。可见，没有法治保障，村民自治在乡村治理体系中的地位就难以确定。自 1985 年全国性的普法工作开展以来，一场以法治建设的“现代化方案”为主要特征的“送法下乡”运动持续开展，并延续至今。

德治

德治在乡村治理中具有深厚基础。传统乡村治理被称作“士绅模式”，形成了长老统治、礼治秩序，这事实上就是德治主导的秩序。在乡村治理新体系中，德治具有全新内涵。它意味着乡村治理不仅要依靠法律、法规、政策、纪律等自治和法治规范，而且还要充分运用村治内生秩序，让地方性规范、道德教化等占据一席之地。在治理理念下，德治还意味着社会组织参与下的协同治理。

在过去的乡村治理实践中，自治、法治和德治分别主导了各种治理模式，也就不可避免地带来了治理的局限性。比如，单纯强调德治的无为而治，已经不适合现代国家了。20世纪初，中国面临严重危机，既面临亡国灭种的危险，也遭遇各种社会制度和组织的解体，只有运用政治团体的权力才能重建国家与社会，由此诞生了全能主义的治理模式。

在人民公社制度下，政治和行政的力量代替了自治、法治和德治，成了乡村治理的主导因素。人民公社制度成功地将一盘散沙的农民组织起来，在农田改造、水利建设等农业基础设施建设中取得了举世瞩目的成就，并在教育、卫生、文化等公共事业中取得了突出成绩，还低成本地为国家建设贡献了大量的农业剩余。然而，这也不可避免地制造了国家与农民关系的紧张。在这个意义上，“乡政村治”模式重新找回了自治传统，是对国家与农民关系的重新调整。只不过，在村民自治实践中，行政和自治之间始终存在矛盾，自治、法治和德治并未发挥出应有的效果。在这个意义上，党组织领导的“三治”相结合的乡村治理体系事实上是对过去治理经验的总结和创新。

当前，一些行之有效的乡村治理创新正在构建党组织领导的“三治”相结合的乡村治理体系。比如，党建引领基层治理已经成为构建乡村治理体系的重要抓手。客观上，通过党的政治统领，发挥党组织动员、组织群众的优势，确实是实现自治、法治和德治相结合的有效途径。再比如，很多地方正在借助技术治理，不断提高乡村治理的规范化水平，从而将自治、法治和德治有机整合起来。概言之，当前的乡村治理体系的建构，在一定程度上是以拓展乡村治理空间的形式呈现出来的。

党组织领导的“三治”相结合的乡村治理体系是一个富有弹性的乡村治理空间，既是国家治理现代化的有机组成部分，又回应了乡村振兴的内在要求。因此，党组织领导的“三治”结合的乡村治理体系并不意味着对原有治理体系的简单替代，而是对原有治理体系的再造。

小结

乡村治理是一个历史范畴，不同历史时期，乡村治理所处的环境、历史使命有所不同，导致其主体、对象、方式也不相同，它们之间组成的关系、结构、机制也不一样。中华人民共和国的乡村治理实践是一个伟大的历史进程，它承接了近代以来国家政权建设的任务，真正意义上完成了现代国家建构，并在此过程中为工业化和城市化作出了难以估量的贡献。同时，它也开启了治理现代化的历程，为乡村治理现代化提供了党组织领导、自治、法治、德治等诸多制度选择。尤其重要的是，中华人民共和国乡村治理实践是在中国特色社会主义制度框架内进行的，它已经是中国特色社会主义制度不可分割的一部分。

中国有悠久的乡村治理传统，当前却又处于前所未有的巨变时期。社会原子化、农民个体化趋势越来越明显，使得建立在村落共同体和村庄集体基础上的乡村内生秩序趋于瓦解，这对自治、德治等治理方式都提出了挑战，乡村治理也一度出现过危机。

总结中华人民共和国乡村治理的实践历史，根本的是要加强党在基层的领导。近些年来，中央和地方各级党委政府加强了基层党组织建设工作，乡村治理有效性大大加强。因此，在乡村振兴过程中，应该旗帜鲜明地加强党的领导，并通过党建引领来实现有效治理。

构建乡村治理新体系的核心是调整国家与农民关系，让中央、地方和农民，以及乡镇政府、村干部和农民三者之间回归到合理的平衡关系。其中的关键是：激活地方自治传统，让农民真正参与村治；加强基层政权的治理能力，更好地服务农村，回应群众需求；还要加快乡村治理法治化进程，将乡村治理纳入法治轨道，最终实现自治、法治和德治相结合。

建构乡村治理新体系，对国家治理现代化亦有非常重要的作用。中国长期以来保持的大一统，是中央集权和灵活多样的乡村治理实践相结合的结果。简单说来，以郡县制为代表的中央集权制度，保持了政策统一性；而各种类型的乡村治理体制机制，则为政策的灵活执行提供了空间。

在历史上，皇权和绅权相互合作的双轨政治，是乡村治理有效的基础。即便是在国家建设已然成功，国家能力大大增强，政策统一性空前强大的今天，各级地方政府仍然保留了诸多政策空间。一方面，中央在制定统一政策时，本来就考虑到了地区差异，为政策的差异化执行提供了制度空间；另一方面，地方在政策执行过程中，事实上拥有自由裁量权，这增强了政策的灵活性。

因此，党组织领导的自治、法治、德治相结合的乡村治理体系，仍然要在发挥“中央和地方两个积极性”的视野下审视，它既是国家政策执行的高效体系，也是地方事务自我消化的有效机制。

3 条块整合与属地管理再造

2018 年 11 月中旬，中央全面深化改革委员会第五次会议审议通过了《“街乡吹哨、部门报到”——北京市推进党建引领基层治理体制机制创新的探索》，认为北京市委以“街乡吹哨、部门报到”改革为抓手，积极探索党建引领基层治理体制机制创新，聚焦办好群众家门口事，打通了抓落实“最后一公里”，形成了行之有效的做法。本章将以北京市“街乡吹哨、部门报到”经验为案例，分析基层治理现代化进程中属地管理是如何发挥作用的。

基层治理转型

长期以来，我国大部分政府职能部门实行“条块结合、以块为主、分级管理”的行政体制，俗称属地管理。在属地管理体制下，地方职能部门受地方政府和上级部门的双重领导，其中主管部门掌握“事权”，上级部门对下级部门进行业务领导；地方政府则掌握“人、财、物”权，可以对职能部门工作深度干预。在属地管理体制下，基层治理中的“异化”行为受到学者们的广泛关注。当上下级政府的目标不一致时，基层政府往往会采用一系列的策略——变通、共谋、正式权力的非正式运作、策略主义等来规避上级政府的控制。然而，随着垂直管理体制在诸多职能部门的建立，上级政府不仅掌握了下级职能部门的“事权”，还控制了“人、财、物”权，基层治理陷入了“权责不对等”的困境之中。[①]

事实上，无论是选择属地管理体制，还是垂直管理体制，行政体制内部始终存在条块关系问题。通常而言，政府治理都希望最大限度地规避条块分割，尽量提高协同治理水平。但问题是，上下级政府间存在多重委托代理关系，基层治理目标的变化、事务的性质、激励方式的改变，乃至政治生态的变化，都会对条块关系产生影响。

当前，基层治理面临着巨大转型。一方面，基层治理任务发生了极大的变化，过去的“硬任务”如税费征收、计划生育、经济发展等逐渐退居其次，而如脱贫攻坚、生态环保、维稳等任务逐渐成为基层治理的“攻坚战”。但在另一方面，随着国家治理体系和治理能力现代化进程的推进，基层治理的规范化要求越来越高，而且这些规范化要求往往是在垂直管理改革的

① 贺雪峰：《行政体制中的责权利层级不对称问题》，《云南行政学院学报》2015 年第 4 期。

背景下，职能部门控制权加重的情况下实现的。因此，基层普遍陷入了“有责无权”的属地管理悖论中。在垂直管理改革背景下，上级职能部门往往通过目标设定、检查考核、项目分配等措施加大了对基层政府的控制，将部门责任转移给属地政府，“压实责任”。而在基层治理规范化尤其是行政执法化的背景下，基层政府的治理能力受到了极大限制。因此，如何提升基层治理的现代化水平，成了近些年地方治理创新所要着力解决的问题。

北京市平谷区是“街乡吹哨、部门报到”经验的发源地，我们于 2018 年 7 月在当地开展了 20 天的田野调查，与区政府及有关职能部门的主要领导进行了座谈，并深入访谈了乡村干部以及群众。在调查期间，我们还收集了相关文献资料。在平谷区的田野调查完成后，我们又跟踪调查了平谷区和北京市其他地区的改革进展。因此，本章所引用的材料以平谷区为主，兼及其他区。

“剩余事务”及基层治理困境

基层治理事务主要分为行政事务和自治事务。在这一体制下，行政和自治相辅相成。一方面，乡镇政府承担的行政事务大多是面向群众的，离不开村级组织的配合；另一方面，村级组织要有效开展自治活动，亦离不开乡镇政府的赋权。近些年来，村级组织的行政化渐渐成了基层治理的一个新动向，它主要表现为村干部职业化、村干部报酬薪资化、村级组织活动规范化。[①]简言之，村级组织越来越成为基层行政体系的一个重要环节，行政事务和自治事务之间的界限越来越模糊。

表面上看，村级组织行政化似乎是强化了行政权，但在实践中，事实可能相反。大量的自治事务涌入了行政渠道，导致基层行政负荷急剧增加。比如，村道维护、村容整洁、违建管理、综治安全、人民调解等原属于村民自治的事务，逐渐成为基层行政的重要构成部分。与此同时，在“送法下乡”的过程中，很多基层事务既无可能通过村民自治来处理，亦很难运用

① 王惠林、杨华：《村干部职业化的生成机制及路径创新》，《西北农林科技大学学报》（社会科学版）2018 年第 4 期。

法治措施加以处置，从而制造了大量的法治“剩余事务”。[1]而随着乡村治理法治化进程的推进，基层行政逐渐被纳入了法治轨道，倾向于将基层事务构建为法律事实，并通过规范的执法方式来开展基层治理工作。[2]如此，基层治理在自治、行政和法治的夹缝中，存在大量细小琐碎、难以分类和定性的不好处置的“剩余事务”。以平谷区为例，当地基层治理的“剩余事务”已成为基层治理痼疾的重要源头。

第一，村民自治失控产生的“剩余事务”。根据农业与农村委员会提供的数据，当地的村民自治效能并未达到最优状态。当地治理状况好、中、差的村大概各占 1/3，“乱村”比例达到 10%～15%，并且在过去的村庄选举方式下，“一选就乱”甚为普遍，成为很多村庄乱象的根源。这些“乱村”，要么由“大书记”把控，既不听党委政府的指导，又不受村民监督；要么长期陷入派系斗争不能自拔，导致基层党组织软弱涣散，无法回应村民需求。

村民自治失控所导致的“剩余事务”，主要有两个特点。

---

① 桂华:《论法治剩余的行政吸纳——关于“外嫁女”上访的体制解释》,《开放时代》2017 年第 2 期。

② 吕德文:《乡村治理法治化的实践过程——基于 P 县砂石盗采治理的分析》,《华中农业大学学报》(社会科学版) 2019 年第 2 期。

一是被动性。村民自治是村民实行自我管理、自我教育、自我服务、自我监督的一项制度，主要包括对集体经济的管理和分配、村庄公益事业的举办以及纠纷调解、移风易俗等社会事务的管理。所谓“小事不出村、大事不出乡”，一旦村民自治失控，这些村庄内部的“小事”便会通过上访等渠道变成“大事”，乡镇党委政府就会被迫卷入村庄治理中。二是应急性。村民自治失控，往往意味着村庄内部分裂，此时任何事务都可能成为“导火索”从而引发危害社会稳定的事件。比如，我们调研的一个村，因为村庄选举混乱，导致村两委班子难以产生，进而将诸多历史遗留问题激发出来，最后只能由乡镇党委政府派驻村工作组维持基本秩序。

概言之，村民自治失控之所以会产生“剩余事务”，是因为绝大多数由乡镇党委政府被迫的、临时处置的“村务”，都具有细小琐碎、难以处置的特征。很大程度上，“村务”的处置很难“切事化”，而是需要同时调节村庄内部的社会关系。故而这类事务的处置，并不符合常规化的基层行政逻辑。对于基层政府而言，大规模地介入“村务”处置，就意味着“剩余事务”涌入了基层行政轨道。

第二，基层治理现代化过程中所产生的“剩余事务”。就部门设置的原理而言，任何一个政府机构的设置，都倾向于专业化，不断增强职责的稳定性，久而久之专业部门都具有封闭性，但这反过来为兜底部门转移了大量的“剩余事务”。[①] 乡镇政府虽是一级政权组织，但由于它是最低层级的属地政府，所以对所有部门的专业管理工作都具有属地职能。因此，一旦上级部门的管理失效，那些专业职能就很可能转移到乡镇政府的属地责任中，成为“剩余事务”。

在平谷区，随着行政执法化进程的推进，大量的专业事务只能由执法机构承担，但囿于执法能力的不足，很多专业事务的监管逐渐处于失控状态。典型如砂石盗采，当地的国土资源局等部门，根本就没有足够的力量对泛滥成灾的砂石盗采问题采取有效措施，以致 2016 年 5 月 14 日还发生了因盗采矿石而导致的 6 死 1 伤的恶性事件。

简单而言，随着基层治理法治化的推进，越来越多的基层治理事务如土地管理、城建规划、环保执法等被纳入了法治轨道，管理的主体从乡镇政府转移到了上级部门，但绝大多数专业部门的执法能力并没有提高，导致其履职率极为低下。比如，根据当地政府委托有关方面做的部门履职情况的统计，2016 年和 2017 年，当地区级部门仅有 3 个部门履职率年均超过 10%，

① 吕德文:《兜底部门的运作逻辑》,《南京社会科学》2018 年第 4 期。

有 10 多个部门在 5% 以下甚至是 0（见表 3-1）。这就意味着，绝大多数行政事务仍然会以属地责任的名义从相关部门转移到乡镇政府，成为基层的“剩余事务”——那种对于有关部门而言是专业职责，但对于乡镇政府而言却是“有责无权”的事务。

表 3-1 平谷区部分政府部门行政履职率

部门名称	一般案件触发数量		简易案件触发数量	触发职权总数	部门职权总数	2017 年职权履行率	2016 年职权履行率
	不予处罚	作出处罚					
住房和城乡建设委员会	0	15	12	23	546	4.21%	2.91%
交通局	0	10	0	10	195	5.13%	2.53%
环境保护局	0	31	1	31	276	11.23%	7.64%
财政局	0	6	0	6	279	2.15%	0.36%
审计局	0	1	0	1	28	3.57%	0.00%
水务局	0	5	1	6	405	1.48%	0.25%

综上所述，当前的基层政府处于双重进程中：一是村级组织行政化，导致大量的“村务”或主动或被动地涌入基层行政轨道中；二是随着基层治理现代化，越来越多的基层治理事务被纳入法治轨道，由此导致了基层行政能力的弱化。而这两个

进程看似相向而行，却都在共同制造基层治理的“剩余事务”，让基层治理陷入困境之中。

治权弱化及属地管理嬗变

在“制图术”的视域下，属地管理本质上是一个建立在地理空间可治理化基础之上的治理术。[①] 国家将疆域划分为各个不同区域分而治之，不同的治理层级对应不同大小的区域。在典型的分权体制中，各个层级的政府负责区域范围内的所有事务，这便是属地管理的原型。随着现代治理技术，尤其是官僚制的发展，上级政府不仅可以通过官僚制加强治理行为的专业化水平，而且还借此加强了对下级政府的控制。

因此，在现代治理体系中，并不存在原始的“分封”意义上的属地管理，中央和地方之间总是在集权和分权之间寻找平衡。就治理规律而言，只要是实行地方分权的国家，中央政府

① 杜月:《制图术：国家治理研究的一个新视角》,《社会学研究》2017 年第 5 期。

就总要通过垂直管理体制来强化中央集权。根据实际发挥的作用，垂直管理可分为实体性和督办性两种模式。前者按照“中央部门决策、垂直机构执行”的方式运行，与地方政府关系不大；后者按照“中央部门决策、地方部门执行、垂直机构督办”的方式运行，与地方政府关系紧密。①

当前的基层治理困境，本质上是属地管理嬗变的结果。而这一变化，与近些年来乡村体制的变革及行政管理体制的改革有密切关系。简单而言，这些变化共同导致了乡镇治权的弱化。

首先，乡村体制的变革。以世纪之交的农村税费改革及免税为标志，乡村治理体制发生了巨大变化，乡村两级组织属地管理的自主性受到了极大弱化。一方面，村级提留的废除让绝大多数中西部村庄失去了集体经济基础，村级事务的处置能力大大降低。与此同时，村级组织的运行由财政转移支付支持，绝大多数村庄公益事业也依靠专项资金举办，导致村级组织的依附性进一步增强。其典型表现是，设计了村财乡管、村干部坐班制等制度，村级组织自我管理、自我服务的动力亦变小。另一方面，大多数纯农业地区的乡镇政府在失去了“三提五统”之后，已经没有一级财政。尤其是在项目制的背景下，乡镇政

① 沈荣华:《分权背景下的政府垂直管理：模式和思路》,《中国行政管理》2009 年第 9 期。

府的重心不再是农村工作，而是承接项目，以至于乡镇政府仅仅是基层“分利秩序”的一环而已。[①]这也就意味着，乡镇政府如同村级组织，其属地管理的能力已经大大降低。

其次，行政管理体制改革。与税费改革同步，进入20世纪以后乡镇体制也开始了巨大变革，且这一变革主要是从两个方面开展的。一是精简机构和人员。税费改革以后，乡镇机构和人员大大精简，尤其是裁减了非正式行政人员，并将部分公共服务职能推向市场。二是行政理性化。其主要表现是乡镇政权的正规化程度大大提升，内务工作渐渐代替外务工作，成为基层治理的主要负担。在乡镇政府丧失了财政基础，且其工作主要服务于上级目标的情况下，乡镇的治权也不够完整。

具体而言，行政管理体制改革所导致的治权弱化，主要表现在两个方面。

一是基层政权的悬浮化。税费改革以后，基层政权悬浮于乡村社会是普遍现象。[②]这在平谷区表现尤甚。长期以来，当地乡镇政权对村庄的权力渗透比较弱，对村级治理表现出放任的

---

① 李祖佩：《分利秩序：鸽镇的项目运作与乡村治理（2007—2013）》，社会科学文献出版社2016年版。

② 周飞舟：《从汲取型政权到“悬浮型”政权——税费改革对国家与农民关系之影响》，《社会学研究》2006年第3期。

状态。尽管各个部门拥有大量的协管员，且也设置了控制村级组织的各种制度，但当地政府的公权力并没有下村，一直处于悬浮状态，国家与社会处于隔绝状态。比如，乡镇对村干部没有细致严格的考核制度，还是比较粗糙的百分制考核，而且考核压力不大，反而是奖励比较多。当地的村民自治一度依赖海选，寄希望于村民选出的“当家人”来自觉管事。但如前所述，当地的村庄分裂现象比较严重，海选本身也在进一步加剧村庄分裂，使得一些“乱村”无法完成选举，选举过后亦无法顺利实施村民自治。

二是国家权力的细碎化。在行政理性化的理念下，当地乡镇的职能部门过于细化，人员和机构高度分散。高度科层化的乡镇组织导致国家权力细碎化，每个乡镇干部看似按部就班，实则不符合基层工作季节性、不规则性等特点，使得乡镇政权缺乏灵活性，突出地表现为部门细分却难以有效整合，单个部门的力量小，故而没有办大事的能力。

从条块关系的角度看，一旦很多属地管理事务上收到垂直管理部门中，而属地政府又无足够的治权，就容易出现“看得见的管不着，管得着的看不见”的困境。以砂石盗采的治理为例，它是典型的条块分割导致的治理痼疾。一个“理想型”的砂石盗采场，恰恰是有利于政府监管的灰色地带。在平谷区，砂石盗采场一般由三类人合伙。一类是合法商人。这一部分人有经营头脑和管理经验，亦有市场渠道，是利润的可靠保证。一类是地方团伙。这一势力本身就有动力介入并分得一杯羹，更重要的是，砂石盗采要排除各种干扰，少不得他们的“保护”。一类是村干部。欲从村集体或农民手中获取经营权，以及减少群众上访，少不得村干部的协调。就我们调研的情况看，几乎所有砂石盗采场背后都存在这些利益群体的联盟，因此形成了一条若隐若现的基层灰色利益链。

如表 3–2 所示，如砂石盗采这样的灰色利益聚集的治理事务，涉及部门甚多，需要多部门联合执法，尤其需要属地政府和村级组织强有力的监管。但现实是，乡镇政府作为属地责任主体并无执法权，村干部不单单难以成为监管者，反而容易为利益所俘获，成为问题的制造者。而绝大多数地方政府的部门执法是分裂的，单部门执法的力度几乎是无效的。比如，国土部门执法队是砂石盗采的主要监管和执法部门，但实际情况是，哪怕国土部门执法队发现并控制了盗采现场，只要利益团伙敢于反抗，执法队员就没有办法。因为行政执法部门没有人身控制权，亦无针对车辆的执法权，违法分子当场驾车逃窜，国土部门执法队是没有任何有效措施的。每个地方倒是有联合执法机制，但联合执法往往反应迟钝，无法对随时随地发生的砂石盗采现象作出回应，而且联合执法的行政成本极高，主责部门倒是有积极性，但配合部门就不一定了。

表 3–2　砂石盗采治理中的条块关系

管理体制	管理主体	管理内容	管理效果
属地管理	村委会	协助政府监管	看得见的管不着
	乡镇政府	属地（监管）责任	
垂直管理	国土部门	矿产资源管理	管得着的看不见
	城建部门	控违	
	农业部门	农用地上的砂石盗采管理	
	水务部门	河道上的砂石盗采管理	
	林业部门	林地上的砂石盗采管理	
	交通部门	砂石运输管理	
	公安部门	执法保障	

在这个意义上，与人们想象的不同的是，属地管理和垂直管理之间并非此消彼长的关系。在基层治权实践中，二者很可能是同消同长的关系，即属地管理能力的弱化，同时会影响垂直管理的效果；而垂直管理能力的不足，亦会影响属地管理能力。因此，迫切需要创新基层治理体制机制，实现属地管理与垂直管理的有机结合。

条块整合与基层赋权

“街乡吹哨、部门报到”经验本质上处理的是条块关系问题。实际上，在处理条块分割等科层制弊端的问题上，很多具有中国特色的治理机制在发挥积极作用，包括运动式治理机制、“小组治国”、中心工作等。而“街乡吹哨、部门报到”机制，一开始的确也是源自既有的治理机制。

为治理砂石盗采、盗挖金矿等问题，北京市平谷区于2017年年初启动了全力确保安全生产、安全稳定，打击金矿及砂石盗采，打击其他违法犯罪活动的专项行动（简称“双安双打”）。从2017年1月17日起，金海湖镇作为试点，开展了连续117天的专项行动。为此，区委区政府在金海湖镇成立了“双安双打”专项工作指挥部，由镇党委书记和镇长担任指挥部的总指挥和执行指挥，以公安部门、国土部门、水务部门等16个区级职能部门为成员单位，要求指挥部成员单位做到“事不绝、人不撤”。这次专项行动行政立案共17起，查扣涉案车辆16辆（台），解除土地承包合同4份，公安局共立非法采矿刑事案件16起，刑拘6人，上网追逃1人。

本质上，“双安双打”是一场运动式治理，综合运用了“小组治理”、联合执法等工作机制。其特点是借助地方最高权威，充分调动协调各职能部门的力量，专项治理某个突出问题。一般而言，问题解决了，治理亦结束了。只不过，不同于普通的运动式治理，平谷区通过“双安双打”行动建立了一套行之有效的、具有常规意义的工作机制。具体表现为，它将传统上的临时性的联合执法活动常规化了，并通过条块整合措施为基层赋权。

传统上，联合执法主要包括两种形式：“一门主责、其他配合”或“部门布置、乡镇落实”。也就是说，联合执法主要是服务于部门目标的，并不服务于属地政府的治理能力提升。而通过“街乡吹哨、部门报到”机制将联合执法机制嵌入属地政府主导的基层治理活动中后，联合执法活动就成了强化属地管理能力的重要机制。

“街乡吹哨、部门报到”机制是一个条块整合机制，平谷区“双安双打”行动所形成的常态治理机制主要包括三个方面。

一是建章立制。为确保“双安双打”各项工作取得实效，指挥部制定并执行“8+4”工作法，具体是指联防联保、日常管理、突击巡查、废弃矿洞清查等八项工作方案和重大案件会商制、重大问题协调制、周例会制、周巡查制四项工作制度。

二是全面摸排，建立各类隐患台账。坚持问题导向，集中乡镇和部门力量，对全镇各类隐患进行全面摸排，建立隐患台账。针对摸排出的隐患台账，以正式函的形式函告相关职能部门，并全力配合各部门开展执法工作，将各类隐患有计划地逐一清账。

三是上下联动，建立执法模式。制定了“街乡吹哨、部门报到”的联合执法链机制，形成了账单式执法、突击式执法、常态化执法等三种联合执法模式。

“街乡吹哨、部门报到”机制作为一项基层治理机制的创新，其切入点是调整条块关系，以此解决条块分割和权责不一致的问题。其主要作用是，一方面强化了属地政府的管理力度，明晰了执法部门间的职责和权限，由区法制办重新明确执法部门职责和执法清单，解决了以往执法部门各自为政、职责交叉不清的问题；另一方面，以问题为导向，建立了一套规范而实用的基层治理流程。这个流程的第一步是属地政府将“看得见的管不着”或“管得着的看不见”的基层治理问题激活，从而将其启动成为一项“法律事实”；第二步是属地政府和执法部门共同实施法律，通过依法治理的形式解决基层疑难问题；第三步是对治理结果进行绩效评估。很显然，这完全是标准的政策循环过程，只不过一般的政策循环的起点在上级决策部门，而“街乡吹哨、部门报到”的议程设置权却在基层政府，这强化了基层政府的治理能力。

通过条块整合，“街乡吹哨、部门报到”实现了基层赋权。首先，赋予了属地政府召集权。区法制部门通过梳理各个部门在基层治理中的权力和责任，制订了权责清单。根据这个清单，属地政府在实施属地管理责任的过程中，有权召集相关部门开展联合执法。赋予属地政府召集权，事实上意味着传统意义上的上下级关系得到了改变，属地政府可以在一定程度上决定上级部门何时何地使用执法权。

其次，赋予了属地政府指挥权。借鉴“双安双打”工作中的问题排查机制，平谷区对所有突出的社会治理问题，如砂石盗采、养殖污染排污、大货车治理、违建等建立了问题清单，并以此为基础建立台账，以便清账。清账的过程，基本上都是由属地政府主导建立指挥部，属地政府的党政一把手对参与联合执法活动的各部门执法人员拥有指挥权。

最后，赋予属地政府考核权。“街乡吹哨、部门报到”机制的最后一环是建立执法效果清单，其实质是赋予属地政府对上级部门的考核权。简言之，部门工作的绩效如何，乡镇政府可以根据每一次的“街乡吹哨、部门报到”行动作出评价，并以此为依据在年终考核部门工作。“街乡吹哨、部门报到”经验内涵如图 3-1 所示。

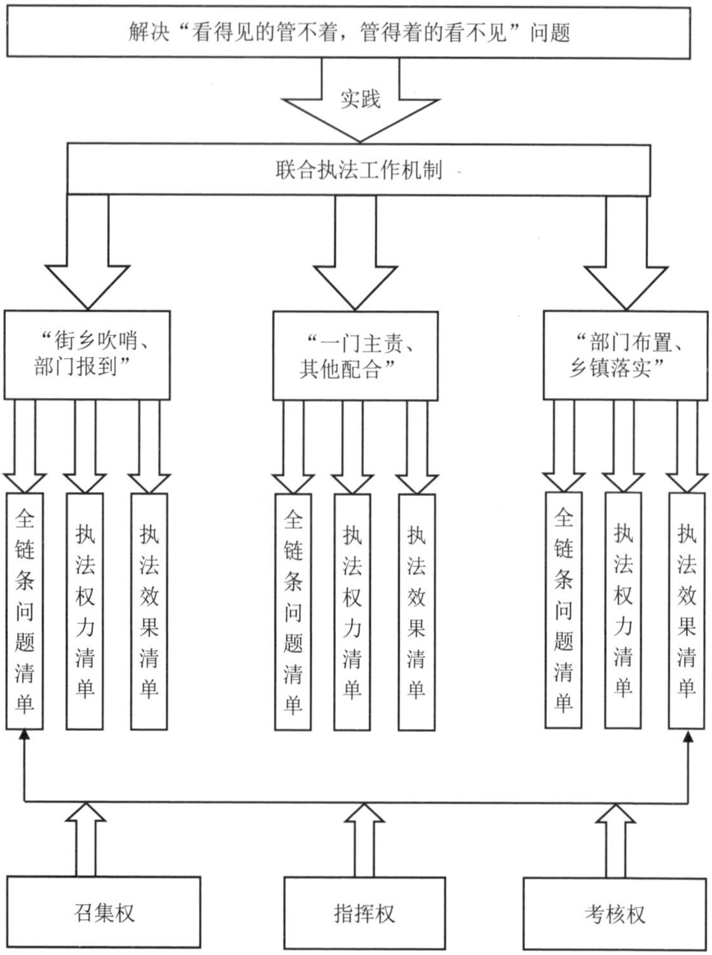

图 3-1 “街乡吹哨、部门报到”经验内涵

治理下沉与属地管理再造

近些年来，随着国家宏观调控以及统一供给政策进程的加速，我们在宏观调控、市场监管以及专业执法等领域进行了垂直管理改革。这在客观上对基层治理架构产生了巨大冲击，主要表现为基层普遍面临“权责不一致”的窘境。

然而，从国家治理体系和治理能力现代化的角度看，通过垂直管理改革来平衡分权体制的固有缺点，本身无可厚非，而且从改革的出发点看，垂直管理改革并不意味着要完全替代属地管理体制，更不意味着要弱化基层治权。恰恰相反，在垂直管理改革的过程中实现治理重心下沉，尤其是在条块关系中通过对“块”的制度化赋权来实现权力平衡，[①]已经是各地基层治理的共同选择。如前所述，“街乡吹哨、部门报到”经验也是以实现基层赋权为主要目标。客观上，这一机制通过治理下沉，再造了属地管理。

首先，“街乡吹哨、部门报到”是一个治理下沉机制。一是人员下沉。在垂直管理体制下，上级部门的执法人员主要服务

① 叶敏:《城市基层治理的条块协调：正式政治与非正式政治》,《公共管理学报》2016 年第 2 期。

于部门目标，并不在意属地政府的治理目标，以至于如表 3–1 所示，部门的行政履职率极低。仔细分析，这些未曾触发的部门事务，多以“属地责任”的名义转移到了属地政府，而部门执法力量则只专注于其核心职能。比如，国土部门执法只关注城区的建设用地使用状况，对农用地上的违法行为并不在意；交通部门关心交通要道上的超载行为，但对农村中违章的大货车不一定上心。而“街乡吹哨、部门报到”机制，事实上将上级职能部门的执法人员下沉到了基层，这在无形中增强了属地政府的行政能力。

二是职能下沉。“街乡吹哨、部门报到”机制的一个重要基础工作是制订各部门的权责清单。一旦权责清单明确，就意味着上级部门有服务属地管理的职责。因此，“街乡吹哨、部门报到”表面上是人员下沉，实质上却是部门职能下沉。一旦条块之间实现了整合，就不仅意味着属地政府成了垂直管理体系的有机组成部分，而且意味着上级职能部门也具有属地管理的职责。也正是在这个意义上，上级部门的职能下沉成了属地管理再造的关键力量。

三是资源下沉。从北京市的经验看，“街乡吹哨、部门报到”意味着治理资源的下沉，包括财政资源、政策资源、人员保障等都在大幅度提高。客观上，上级部门人员和职能的下沉，本身就意味着治理资源的下沉。

其次，“街乡吹哨、部门报到”再造了属地管理。不变体制变机制，这是“街乡吹哨、部门报到”改革的方法论。因为基层治理的基本架构是既定的，地方政府并没有权力来改变。比如，各个政府部门的职责界定，是由自上而下的行政体制所决定的，基层政府无权改变。就砂石盗采问题而言，其执法权分散在国土、水务、林业、农业、交通、公安等部门中，哪个部门都无法完全规制砂石盗采行为；乡镇政府作为属地责任单位，更是缺乏执法权。站在属地责任单位等角度看，这些问题的根源在于“权责不一致”；站在各部门的立场看，则很可能是乡镇政府履职不力或相关部门不配合所致。不管这些认识是否正确，可以确定的是，地方政府无法改变既定的行政体制。因此，合理的做法是在既有体制下再造属地管理。

具体而言，属地管理再造主要表现在三个方面。一是“清理”治理痼疾。基层治理往往会陷入“不出事逻辑”中，不愿意正视问题、“捂盖子”，导致问题积累得越来越多，积压了诸多治理痼疾。比如，平谷区有关部门全面梳理了基层治理中的重点难点问题，包括砂石盗采、违建、“四抢”、养殖污染排污、大货车过境等，这些都是长时间存在的治理痼疾。而“街乡吹哨、部门报到”机制的关键在于，它赋予了基层政府足够的权力，使得基层政府敢于直面问题：①通过清理过去的治理痼疾，重塑了基层政治生态；②通过激活属地政府权能，增强基层政府的回应性，及时化解基层社会矛盾。某种意义上，“街乡吹哨、部门报到”机制实际上是激发基层干部敢担当、敢作为的保障机制。

二是基层政权从“悬浮”到“嵌入”。在农村税费改革后的相当一段时间内，乡镇党委政府对村级组织和村干部的“失控”现象让人震惊。某些村干部无视党纪国法，乡镇党委政府却毫无办法，乡镇干部在面对农村工作时，普遍有畏难情绪。追根溯源，这是基层政权长期不做群众工作，片面理解村民自治的结果。而“街乡吹哨、部门报到”机制，一方面使基层政府的管理和执法力量顺利进入村庄；另一方面，通过党建引领基层治理的方式，基层政权亦强化了对村干部和其他服务人员的统筹管理。在这个意义上，基层工作就可以建立在扎实的群众基础之上。

三是基层工作从“权宜之计”到依法治理。平谷区“街乡吹哨、部门报到”机制的设计及经验总结，一直都是区政府法制办在负责。因此，这个经验一开始就贯彻了依法治理的理念。从结果上看，这一机制的确有效规范了基层治理行为。属地政府和相关执法部门，不仅获得了法律保障，而且习惯了依法行政。这极大地改变了过去依靠权宜之计解决问题的行政惰性，使法治精神得以彰显。

小结

“街乡吹哨、部门报到”改革是一种典型的“从小处切口、点上发力”的经验。这一经验看似只是解决了基层治理中的小问题，却是关系到基层治理现代化的大经验。说到底，基层治理的主要任务是解决老百姓关心的“小事”，而不是完成“大事”；评价基层治理好坏的关键是，它能不能及时有效回应群众的诉求，而“街乡吹哨、部门报到”恰恰契合了基层工作的这一特点。更难能可贵的是，“街乡吹哨、部门报到”是在并不增加治理资源的情况下，完全通过完善基层治理体制和机制来提高治理绩效的。

“街乡吹哨、部门报到”经验对基层治理现代化的理论启示有三。

一是它有效应对了基层治理需求。基层治理有面对面做群众工作的特征，需要处理大量细小琐碎的难以处置的“剩余事务”，“小事不出村、大事不出乡”是基层治理的基本原则，而“街乡吹哨、部门报到”恰恰针对的是对那些长期存在的“剩余事务”的处置，回应了群众诉求。

二是它着力于再造属地管理。属地管理是基层治理的一项基本制度设置，尽管它在垂直管理改革过程中受到了一些冲击，导致近些年来基层治权弱化，基层治理陷入窘境，但本质上，垂直管理和属地管理并不存在简单的替代关系，尤其是在基层治理实践中，条块整合在极大程度上实现了基层赋权，且有利于提高职能部门的履职率。

三是它重塑了基层治理生态。简单来说，“街乡吹哨、部门报到”机制为乡村治理法治化提供了有效的实现路径，这为改变存续多年的基层“权宜之计”式的治理方式，实现规则之治创造了条件。

4 乡村治理空间及其有效性

“乡村振兴，治理有效是基础”。20世纪80年代，随着风险社会的来临，治理危机在西方国家蔓延，治理有效性受到了知识界和实践界的重视。[①]无独有偶，20世纪90年代末，中国乡村治理危机也伴随着“三农”问题出现。进入21世纪以来，通过乡村体制改革、农村税费改革、乡镇综合配套改革等一系列改革措施，中国乡村治理发生了巨大变革。其中引人瞩目的是，乡村治理单元发生了重构，全国行政村和乡镇数量分别减少了19.4%和25.6%，基层治理规模和幅度均大大增加。[②]与此同时，国家与农民关系也有了新变化，出现了政权“悬浮”现象。[③]

从实践逻辑看，农村税费改革前后的乡村治理变革，更多的是基于财政压力而出现的政府行为，并不是乡村治理技术、资源和能力增强的结果。如此，随着国家加大财政转移支付力度及农村公共服务需求的增强，乡村治理有效性的挑战不仅未能随着农村税费改革及免税等措施消失，反而以不同的表现形式延续下来。为解决治理有效性的问题，基层普

① 杨雪冬:《风险社会、治理有效性与整体治理观》,《行政论坛》2016年第3期。

② 熊万胜:《政治整合视角下乡村基本治理单元的适度规模研究》,《中州学刊》2018年第3期。

③ 周飞舟:《从汲取型政权到“悬浮型”政权——税费改革对国家与农民关系之影响》,《社会学研究》2006年第3期。

遍在寻求拓展治理空间的方法。本章在经验调查的基础上，分析了乡村治理空间的制度基础及其实际运作机制。

乡村治理有效性

乡村治理有一定的构成要素及理想模式，因此，乡村治理有效性需着眼于构建乡村治理新体系，如建构多元互动、制度化、迈向总体性治理的乡村治理新体系。然而，不同地区的历史条件和环境条件不同，乡村治理面临的困境、任务及可能的出路都有所差异。具体而言，乡村治理实践根植于乡村社会结构的转变，乡村治理体制应与村庄城市化水平相匹配，如传统村落还需要再造村治主体来实现治理有效性，城市化进程中的村庄则需要社区化协同治理，并综合运用片区责任制与官僚制等治理资源来实现治理有效性。

如何实现乡村治理有效性？人们常把“上面千条线，下面一根针”作为乡镇政府的组织隐喻，又用“下去一笼统，回来再分工”来形容乡镇政府的工作方法。这说明，在乡村治理实践中，乡镇政府是国家政策的执行者，而且乡镇政府在政策落地的过程中，具有相当大的自由裁量权。从整合视角看，政策与行动具有连续性，政策的制定和执行是交互行动、相互议价的过程。[①]

乡镇政府选择作为与不作为、怎样作为、何时何地作为，存在自由裁量。很显然，乡村治理有效性的达成，与乡镇政府所拥有的合适的治理空间密切相关：一方面，我国是单一制国家，必须保证治理体系和政策的统一性；另一方面，各地差异极大，必须赋予弹性化政策执行的空间。

乡村治理空间指的是，乡镇党委政府等乡村治理主体，在基层政策执行过程中所拥有的行政资源、治理策略及自由裁量权。大致而言，乡村治理空间主要受以下三个因素的影响。

（1）政策类型。政策类型是直接关系到政策的自由裁量度、"选择"的范围、影响力的强弱等的空间要素。[②]在公共政策视野中，不同的治理任务具有不同的政策属性。一类治理任务目标明确，考核压力大，政策刚性强；还有一类治理任务，则目标模糊，考核压力较小，政策弹性大。一般而言，政策刚性越强，越容易出现时间紧、任务重的情况，乡镇政府的自由裁量就越小，政策

---

① 李允杰、丘昌泰：《政策执行与评估》，北京大学出版社2008年版，第12页。

② 张凤合：《公共政策价值取向中的政策空间》，《南京社会科学》2005年第5期。

空间就越狭窄；政策弹性越大，乡镇政府的选择空间就越大，政策空间就越大。

（2）行政资源。行政资源是由乡村治理体系塑造的，包括乡村治理所能调动的人力、物力和财力资源。改革开放以来，我国形成了“乡政村治”的乡村治理架构。但是，不同时期、不同地区的乡村治理体系有极大差异。其核心是，在“乡政”和“村治”之间如何建立制度化的衔接机制，真正实现国家与社会、行政与自治的二元共治。一般而言，乡村治理体系越完备、制度化程度越高，政策执行的制度空间就越大，制度外空间就越小。

（3）治理策略。乡村治理实践中的灵活性受到学术界的广泛关注，如软硬兼施、策略主义、连带式制衡等。但是，随着政权“悬浮”及项目制等技术治理的推行，乡镇政府地位边缘化，[①]传统政策工具逐渐失去了作用。总体上，当前的乡村治理实践中，传统治理策略虽逐渐式微，但新技术治理等政策工具却不断被创造出来。一般而言，治理策略越多，治理空间就越大；反之，治理空间就越小。

乡村治理有效性的达成，伴随着乡村治理空间再造的过程。核心是，乡镇党委政府将国家治理的任务和目标，包括行政任

① 李祖佩、钟涨宝：《项目制实践与基层治理结构——基于中国南部某县的调查分析》，《中国农村经济》2016年第8期。

务、公共服务及群众诉求，综合转化成乡村治理任务，并通过建立完备的乡村治理体系，以及多元的政策工具，来实现乡村的有效治理。乡村治理空间的再造，实现了决策和执行交互行动，政治与行政合一，以及基层治理实践与农民政治效能感共生。

本章将以武汉市汪集街道为例，阐述乡村治理有效性的实现机制。汪集街道距市区 50 千米，是典型的农业型地区。辖区面积 153 平方千米，耕地面积 10.4 万亩，辖 51 个行政村，2 个社区，513 个村民小组。总人口 8.6 万人，其中农业人口 7.5 万人，1.9 万户。2018 年 3 月 25 日 ~ 4 月 10 日，笔者对汪集街道进行了为期半个月的田野调查。调研采用深度访谈法，访谈了镇党委政府主要领导、各部门负责人、村书记共 23 人。其间，还实地考察了该镇的村湾环境整治等重点工作，并收集了相关文字材料。

乡村治理任务分类及转化

政策与行动具有连续性。一方面，上层规范执行细节，希望政策目标能够付诸实现；另一方面，基层官员以自己的专业知识和经验，选择性地执行政策内涵和意旨，形成了自己的政策。具体说来，在乡村治理实践中，乡镇政权需要综合考虑政策属性、职能职责及组织环境，将国家政策转化为不同的治理任务。

乡镇政府处于压力型体制的最下层。各级地方党政组织为了实现经济赶超和其他目标，普遍采取任务数量化分解和高度物质化奖惩相结合的一系列管理手段和方式。因此，乡村治理任务的形成首先受制于上级政策任务的指标化情况。大致而言，在压力型体制下，政策属性主要受两个因素的影响：指标化程度和考核权重。据此，可以对乡村治理中的政策属性进行分类（见表 4-1）。

表 4-1　乡村治理中的政策类型

考核权重		高	低
指标	硬	Ⅰ	Ⅱ
	软	Ⅲ	Ⅳ

如表 4-1 所示，从Ⅰ到Ⅳ，说明乡村治理实践中存在一个政策谱系。Ⅰ和Ⅳ是两种理想型的政策。按照乡镇干部的说法，它们分别是刚性政策和弹性政策。所谓刚性政策，是指指标硬、

权重高的政策。这种政策大多运行日久，已发展出一套完备的量化考核体系，所有指标均可按月度、季度、年度等时间节点进行准确统计，以便客观衡量工作成效。通常而言，刚性政策也是重要工作，很多情况下会辅以“一票否决”制，其任务完成情况对乡镇整体工作成效具有决定性作用。

所谓弹性政策，指的是政策指标的量化程度不高，主要靠定性评价，且考核权重不高的政策。更多的工作则介于两者之间，有些工作虽无法量化，但为显示其重要性，会赋予其极高的权重；有些工作虽量化程度极高，却无甚重要，从而难以引起各级政府的注意。

从内部视角看，乡镇政府始终面临着行政资源有限与事多繁杂的矛盾。多数情况下，乡镇政府依据职能职责按常规程序开展工作。按照部门分派原则，每个部门和工作人员都承担相应的工作，并按事情的多少配置行政资源。在这个意义上，部门地位与政策属性是相匹配的，上级下达的政策即乡镇政府的组织活动。如表 4-2 所示，在汪集街道，计划生育、城建（城管）、综合治理和信访维稳等Ⅰ类政策执行部门既是工作任务较重的部门，也是地位较高的所谓“大办”；人社中心、国土所、民政办、经管站等Ⅱ类政策执行部门，政策性强，但实际工作任务却不是很重，绝大多数具体工作都由社会用工承担；党政办、组织办、监察室等Ⅲ类政策执行部门，连工作人员都很难说清党建和反腐具体包括哪些事项，上级却要求不断、检查不断；而涉农站（所）等Ⅳ类政策执行部门，已经被“打包”处理，大部分站（所）人员也被抽调去从事别的工作。

表 4-2　汪集街道主要政策分类

政策类型	具体工作	负责部门	权重（%）
Ⅰ	计划生育	计生办	15
	生态环境及大城管	执法中队、城建办	14
	综合治理和信访维稳	综治办、信访办	12
	安全生产	安办、市场监督所及菜办	8
Ⅱ	新农合、新农保	人社中心	4
	规划、土地管理和查违控违	国土所	6
	社会事务	民政办	5
	村级“三资”管理	经管站	4
Ⅲ	党建和反腐	党政办、组织办、监察室	17
Ⅳ	“三农”工作	农业服务中心、扶贫办、林业站、水利站、水产站、农机站、畜牧中心	9
	文明创建	文明办	6

说明：工作实绩考核由对口部门考核、领导评价和民主测评三部分构成。其中对口部门考核权重 85%，其他两项的权重为 15%。表格根据《汪集街道 2017 年度全员绩效管理和干部考评工作实施办法》整理而成。

但是，刚性政策和弹性政策并非泾渭分明，政策属性彼此间并非不可转化。就乡村治理实践而言，治理难度不在于政策刚性，而在于同时兼有多重治理任务，且不同时期治理重点会有所变化。具体而言，政策执行是否有时间压力，对政策属性有极大的影响。通常情况下，最后期限的刺激往往会迫使乡镇政府将注意力指向某些任务而不是别的任务。有些政策虽有完备的量化考核体系，但因这一工作对乡镇政府而言比较容易达成，且时间压力不大，也会增加政策的弹性。反过来，有些政策虽在一般意义上具有相当大的弹性，但很可能因为规定了最后期限，暂时变成时间紧、任务急的刚性政策。在汪集街道，每个季度都会根据上级不同部门下达的任务重新梳理，形成重点工作任务责任分解表（见表 4-3），明确时间表、责任到人。

表 4-3　汪集街道重点工作任务责任分解（2018 年 3 月）

工作内容	进度要求	责任领导	责任人
村湾环境综合整治	① 3 月 30 日前下达各村 2018 年度整治的自然湾数，自然湾数为 8 个（含 8 个）以下，当年全部完成整治任务，超过 8 个的，当年完成 8 个，剩余的在 2019 年 6 月前完成；②每月召开一次村湾环境整治推进会	分管副书记、协管副镇长	城建办主任、各总支书记

续表

工作内容	进度要求	责任领导	责任人
土地流转遗留问题处理	4月10日前拿出有关村庄的可操作的土地流转遗留问题的处理意见，6月底前完成处理任务	镇长、分管副镇长	信访办主任、相关总支书记
党群服务中心建设	4月底前完成三个村党群服务中心的选址（含拆迁）、设计、地勘、投资评审工作，进入招标程序	分管副书记	组织办主任、相关总支书记
农业农村工作	①按时、按要求完成区下达的精准扶贫任务；②争取6月底、确保8月底完成畜禽禁养工作；③4月底前完成一家共享农庄的实施方案，并按方案推进	分管副主任	扶贫办主任、畜牧中心主任、相关总支书记
水污染治理	①落实河湖长制责任；②河道禁牧；③湖泊、沟港污染治理（4月1日前拿出常态化治理方案，并督促实施）	分管副书记	水利站站长
出生人口性别比整治	每月出生人口综合性别比、一孩性别比、二孩及以上性别比，居全区中上游水平	分管副镇长	计生办主任
全面深化改革申报	①4月10日前完成2018年度改革创新工作申报，并与改革办做好对接；②11月底前全面完成2018年度创新改革工作任务，确保此项工作创优	纪委书记	党政办主任、组织办干事

如表4-3所示，重点任务一般具备四个特征。①工作内容往往是“专项任务”，目标明确，更容易将任务完成情况与考核奖惩联系起来。比如，在常规任务中，“三农”工作本是难以

量化考核的，但一旦将精准扶贫、畜禽禁养、共享农庄等内容单列出来，政策目标就变得极其明确，从而实现对“三农”工作的有效考核。②制订明确的时间表。重点任务的时间压力不仅体现在最后期限刺激上，还体现在其有清晰的工作进度安排，既方便目标分解，也方便在不同任务小组间进行评比动员。③责任到人。重点任务都有专人负责，分管领导和直接责任人之间有连带考核压力。④部门配合。重点任务往往需要多部门配合，尤其需要动员村一级的治理资源。如此，有效协调部门及乡村两级组织之间的关系，是重点任务得以落实的关键。

可见，在乡村治理实践中，乡镇政府可以根据政策属性及其转化状况，将上级政策转化成不同类型的乡村治理任务，然后在此基础上实行分类治理。大致而言，乡村治理任务主要包括两种类型。

（1）常规任务。常规任务是事先确定的任务，可谓“计划工作”。在压力型体制下，上级党委政府会在年初与下级党委政府签订目标责任书，明确工作任务，并于年终考核兑现奖惩。乡镇政府作为最基层的科层组织，则根据行政任务的量和质，设置独立的任务单元予以实施。简单来说就是，乡镇政府在部门行政的前提下，根据政策属性的不同设置了弹性化的任务单元。大致说来，刚性政策执行部门的行政人员较为稳定，且行政资源较充足；而弹性政策执行部门的行政人员的职务与职责并不匹配，如名义上每个涉农站（所）都有负责人和工作人员，但他们往往并不从事部门工作。

（2）重点任务。重点任务是非程序化活动，它并非事先确定的任务，而是临时性任务，这使得常规任务单元难以完成。乡镇政府主要通过两个技术手段将重点任务从常规任务中独立出来。一是给重点任务要求的目标分配资源，并且拒绝提供替代的或可以由常规活动实现的目标，建立独立于常规任务单元的任务小组。如表 4–3 所示，汪集街道的所有重点任务在形式上都可以归入表 4–2 所示的常规政策分类中加以执行、考核。但是，汪集街道却将这些重点任务独立出来，重新设立目标，重新配置行政资源，并单独考核。二是赋予重点任务更强的时间压力。常规任务的考核一般是结果考核，只有最后期限（通常是年终）刺激而无过程管理。而重点任务则不仅有最后期限刺激，而且还有明确的时间表，具有严格的过程管理。

概言之，乡镇政府存在一个政策分类及任务转化机制。一是根据压力型体制及科层制原则，在政策弹性和刚性之间建立政策谱系，据此赋予不同的部门不同的职能职责及地位。二是根据时间压力及任务性质，将上级政策转化为乡村治理中的常规任务和重点任务，并据此组织不同的任务单元。同时完成多种政策及多元任务，对乡镇政府是一个极大的挑战。在经验上，乡镇政府通过再造乡村治理体系来实现有效治理。

“四位一体”的乡村治理体系

近些年来，为适应不同政策类型及多元任务要求，各地乡镇政府在保持乡镇政府与上级政府间“职责同构”的同时，对政府内部的人员、机构优化重组，形成分工合作的多元治理体系，从而实现了具有整体性调适特征的基层政府再造。[①] 在汪集街道，自 2001 年乡镇机构改革到 2018 年春，汪集街道逐渐形成了以总支为主轴，站办（所）、包村干部及政务服务中心为副轴的服从于乡镇领导的“四位一体”的乡村治理体系（见图 4–1）。

---

① 李元珍：《基层政府组织结构的整体性调适及其逻辑——基于浙江 T 镇的经验分析》，《求索》2021 年第 5 期。

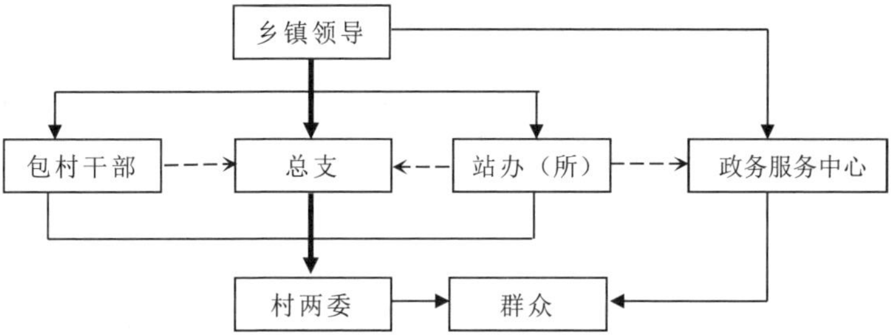

图 4-1 汪集街道“四位一体”的乡村治理体系

汪集街道党政领导及内设机构的基本情况如下。

（1）乡镇领导。汪集街道领导职数为 11 人，领导班子成员实行交叉任职。除了党委书记和镇长分别负党务和行政总责，其他副职领导均分管相关工作，并负责联系一个总支，担任包村驻点工作的片长。

（2）站办（所）。汪集街道内设机构实行党政合署办公，设立党政办公室（加挂社会治安综合治理委员会办公室牌子）、经济发展办公室、社会事务办公室、计划生育办公室和组织人事办公室 5 个办公室。汪集街道虽按照大部制设置机构，但保留了原有的重要站（所）职能，并根据传统站办（所）职能安排具体工作。在乡村治理现代化过程中，越来越多的上级政策强调规范化、程序化及专业化，站办（所）负有“办事留痕”、替乡镇党委政府进行政策分类完成治理任务转化，以及承担常规任务的职责。故此，部门负责人往往具有较强的政策水平，工作人员需有较强的文书行政能力。

（3）总支。汪集街道在2001年的乡镇机构改革过程中，撤销了经济管理处这一管理层级。为解决管理幅度过大的问题，汪集街道尝试通过建立工作小组、驻村干部等工作机制加强乡镇对各村的领导，但管理效果均不明显。2008年，汪集街道在原经济管理处这一层级上，恢复了总支建制。总支和原经济管理处，本质上都是属地管理的制度设置。但两者的区别在于，总支属于乡镇党委的工作机构，并非行政设置，并无固定人员、职责和财政资源；而经济管理处则是乡镇政府正式的行政设置，职责、人员及财政资源都相对固定。汪集街道现共设置5个总支，平均每个总支辖10个村。总支成员设4人，1个总支书记、2个副书记、1个妇女主任，均为专职人员。按照汪集街道党委书记的说法，总支是乡镇党委政府的“防火墙”和“冲锋队”。一方面，总支代替乡镇领导及各部门解决了信访维稳等诸多治理内容，实现“小事不出村、大事不出总支”；另一方面，总支是乡镇重要工作的一线承担者，是各项工作的推动主体。因此，总支工作人员往往具有极为丰富的群众工作经验，敢于担当、善于周旋。

（4）包村干部。包村干部是一个加强乡镇党委政府对村级工作督查、指导的工作机制。汪集街道的包村驻点工作与总支设置有较大的关联：①每个总支设置 1 名片长和 1 名副片长，片长由总支分管领导担任；②总支委员除了分管业务工作即联系乡镇站办（所）工作，均担任驻村干部。另外，站办（所）的行政干部除了负责自己的业务，也承担包村任务。包村驻点在乡村治理实践中具有悠久的历史传统，与历史上党的群众路线，20 世纪 90 年代的农业税费征收、计划生育等中心工作都有密切联系。汪集街道所有行政干部都有包村任务，既可以锻炼其农村工作能力，又可以在中心工作中辅助总支开展工作。根据各村的实际情况，乡镇党委政府会配备不同的包村干部。一般而言，那些村庄治理任务较重的村，会配备工作能力较强、有一定领导职务的行政干部包村，以有利于协调乡村关系；反之，则配备普通行政干部包村，起到上传下达的作用即可。

（5）政务服务中心。2015 年 4 月，汪集街道人社、民政等部门联合成立了一个小型政务服务中心，主要办理新农合、新农保、退休手续、结婚登记等服务事项。2017 年 10 月，汪集街道成立了政务服务中心，并任命了中心主任，计划于 2018 年 6 月正式运转。政务服务中心将直接面对群众集中办理各站办（所）的绝大多数行政服务、行政审批及业务咨询服务。作为政府流程再造的实践形式，政务服务中心总体上分为面向公众的服务流程、位于政府后台内部的支撑流程和负责整体协调控制的管理流程。在实际运作中，汪集街道政务服务中心主要负责面向公众的服务，其工作人员主要由临聘人员担任；政府后台内部的支撑，仍由各站办（所）负责；整体协调控制的管理流程，则由乡镇领导承担，但已基本实现技术控制。因此，从政策空间再造的角度来说，政务服务中心实际上是分担了站办（所）承担的部分常规业务，以提高行政效率。

如上所述，站办（所）、总支、包村干部及政务服务中心的“四位一体”的乡村治理体系，是乡村两级组织之间的联系机制，在职能配置、人员配备及政策目标上均有差异（见表4-4）。

表 4-4　乡村两级联系机制简况

联系主体	职能设置	运作逻辑	工作人员	政策目标
站办（所）	政策分类及任务转化	大部门制	政策、文字水平高	完成上级考核目标
总支	政策推动、信访维稳	片区管理	群众工作能力强	各项政策落地
包村干部	指导督促、上传下达	群众路线	所有行政人员	落实中心工作
政务服务中心	业务代办、行政审批	流程再造	临聘人员	服务群众

在治理空间再造的意义上，汪集街道“四位一体”的乡村治理体系再造了一个完整的政策执行体系：①乡镇领导是决策层，其主要作用是根据各站办（所）的意见，综合考虑各总支、各村的反馈，将上级政策转化成乡村治理任务，并进行任务分派；②站办（所）、总支、包村干部及政务服务中心是政策执行主体，负责对各项任务进行分类治理；③村两委及群众则是目标群体，他们的政治效能感反映了政策落实程度。

在具体运作过程中，该体系以“乡镇领导—总支—村两委”为政策执行主轴。总支不仅是乡村治理空间再造过程中决策与执行分离的关键，也是政策执行体系立体化、政策工具多元化的主要载体。

首先，上级政策在弹性政策与刚性政策之间存在复杂的连续谱，且乡村治理在常规任务与重点任务之间，也存在区别。故而，就实际运作而言，大部分政策及治理任务都是跨部门、非专业化的，其任务单元的划分往往并非基于事务的专业性，而是基于属地管理原则。对于那些需要村级组织配合的乡村治理任务，总支作为事实上的乡镇党委政府的派出机构（也是属地管理机构），具有天然的合法性。

其次，2001 年全国性的乡镇改革中，普遍采取了精简机构和人员，以及撤乡并镇措施，使得乡村治理普遍面临治理规模及负荷加大的挑战。汪集街道通过增加总支这一治理层级，减少了治理幅度，更有利于政策执行和任务落实。汪集街道多位领导指出，总支干部与村干部天天“打成一片”，使得乡镇领导非常熟悉各村情况，提高了决策的科学性；而总支作为专门从事群众工作的单位，也为站办（所）提高业务工作的专业性创造了条件，客观上有利于“对标”上级考核。

最后，总支还是多种政策工具的实施载体。前已述及，乡村治理中的重点任务，尤其是中心工作，具有一种非程序化活动特征——建立独立的、不卷入常规任务的政策执行机制。乡村治理中非程序化活动的重要政策工具是运动式治理，在最后期限的刺激和阶段性的时间安排下，依靠动员、督查、评比等方式完成治理任务。总支的存在，既为乡镇一级设置“锦标赛”体制创造了可能，各总支之间可以相互竞争，也为政策的密集动员提供了可能，总支与辖区各村之间可以建立更为密切的工作关系。

通过与总支建立分工合作关系，站办（所）、包村干部及政务服务中心发挥了各自的制度优势。大体而言，其合作关系主要表现在以下三个方面。

第一，科层制与半正式行政的二元共治。[①]站办（所）在承接上级政策的过程中，强调规范化、程序化、专业化等科层制原则；而总支作为基层行政体系的延伸，强调综合性、灵活性和适应性。汪集街道实现了两种治理制度的有效结合，实际上是政策执行过程中自上而下的“完美行政”与自下而上的“自由裁量”之间的交汇，这是乡村治理有效的制度基础。

第二，政治与行政的合一。历史上，包村驻点作为一种有别于科层制的国家与社会之间的中介机制，帮助党和国家实现了民众动员、精英监控、乡村治理的目标。当前，汪集街道的包村干部在常规治理中一般只起上传下达的作用，是乡镇领导、总支、村干部之间信息沟通的桥梁，链接了多元行政体系。但在非常规治理过程中，包村干部还起到配合总支工作，承担着政治动员、督查的作用，是运动式治理得以运转的重要节点。故而，包村驻点制度与总支之间的配合，关联了科层行政与运动式治理，实现了政治与行政的合一。

第三，技术治理与总体性治理的分离。改革开放以来，中国国家治理逐渐从总体性支配转变为技术性治理。以政务服务中心为代表，汪集街道在诸多领域实现了技术治理，治理权力

---

① 仇叶:《乡镇片区责任制与官僚制的二元共治机制——基于浙东K镇的实证研究》,《华中科技大学学报》(社会科学版)2017年第1期。

由一系列技术及“流程”所支配；而总支则承担着大量技术化程度不高，需要自由裁量的治理任务。两者的适当分离，为乡村治理现代化提供了更多的制度选项。

“四位一体”乡村治理体系的形成，本身是多重制度变迁的结果。其中，站办（所）体现了大部门制的制度实践逻辑。长期以来，乡镇政府与上级政府保持了“职责同构”，而大部门制既精简了机构，优化了部门设置，又塑造了“全能型”的乡镇干部，使之在保持科层制精神的同时，更具适应性。总支则延续了乡镇机构改革之前的片区管理制度。作为一项可以有效缓解治理规模和负荷过大问题、承担诸多治理资源的非正式制度，片区制仍保留着强大生命力。包村干部在制度根源上是群众路线的产物，在乡村治理实践中体现了政治与行政合一的原则，在重要工作中得以彰显其治理价值。而政务服务中心的设立，不仅是服务型政府建设的直接体现，而且体现了技术治理的逻辑，代表着乡村治理现代化的方向。

汪集街道这一完备的乡村治理体系，为乡村治理实践提供了更大的制度空间，不同的治理任务都被纳入了相关的制度渠道。大致说来，不同的治理任务可通过不同的政策主体执行。那些标准化程度较高、政策性较强的常规任务，虽是刚性政策，却越来越具有技术治理特征，由政务服务中心承担。而政策性虽强，但标准化程度不高的办公室业务，无法通过治理技术解决，则由站办（所）承担。那些政策性不强，且标准化要求也不高的群众工作，往往由总支干部独立承担。而政策刚性较强的重点工作，多数情况下都以总支为主，辅以其他治理体系共同完成。

多管齐下的治理策略

前已述及，汪集街道虽面临多元任务的挑战，却通过有效的政策分类及治理任务转化，将其纳入不同的制度轨道中进行处置。问题是，完备的乡村治理体系仅仅是为治理有效提供了制度选项，在乡村治理实践中，如何运用这些或传统或现代或“老套”或新颖的治理资源，才是实现有效治理并获得群众认可的关键。历史上，在国家政权建设过程中，国家诉诸多种方式，动用其可资利用的资源，以求实现现代国家基层社会控制或者说基层治理的目标。同样，在当前的乡村治理实践过程中，乡镇政府也是通过运用多种政策工具及多管齐下的治理策略，来实现乡村治理有效性的。

在传统的“乡政村治”体系中，乡镇政府已有较多的政策工具。既有制度化的激励奖惩机制，将压力型体制传导至村一级，又有策略性的半正式治理机制，乡村干部普遍采用乡规、民俗等熟人社会治理资源执行政策。只不过，农村税费改革后，两种政策工具的内在冲突得以凸显。行政理性化过程要求乡村治理规范化、程序化及专业化，随着乡镇政府临聘人员的解聘及片区责任制等半正式制度的撤销，再加上国家与农民关系的“悬浮”，半正式治理空间被极大压缩。

而“四位一体”乡村治理体系的建构，因遵循着多重制度逻辑，客观上援引了多种政策工具。本质上，完备的决策 / 执行体系的前提是有足够多的政策工具可供选择。在汪集街道，作为决策者的乡镇领导，掌握着多管齐下的治理策略；而各个政策执行主体，也有专业而娴熟的治理工具（见图 4-2）。

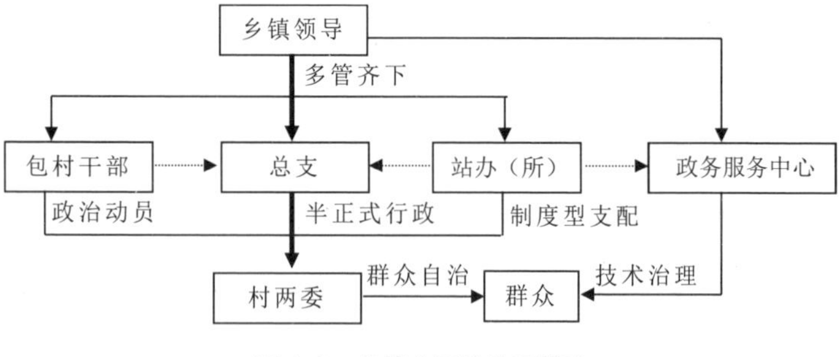

图 4-2　多管齐下的治理策略

大致而言，不同的治理主体，一般有主导性的政策工具。对于处于决策地位的乡镇党委政府而言，其治理策略则具有多管齐下的特征。

（1）制度型支配。制度型支配是指乡镇政府通过建章立制的方式实现对村级组织的支配，并在此基础上形成的一种以制度为治理技术、支配为目的、组织一体化为重要方式的乡村关系。[①] 制度型支配本身是科层制行政固有的政策工具，但长期以来，这一支配关系只限于科层组织内部。而随着乡村治理现代化进程的加速，乡镇政府逐渐建立了村财镇管、项目制管理、全员绩效考核、办事留痕等规章制度，赋予相关站办（所）支配权力。

在汪集街道，各个站办（所）都掌握有考核权，使得其仅仅依靠制度型支配即可督促村级组织配合完成常规任务。比如，为了杜绝村干部“微腐败”，2017 年汪集街道农经站推行了“银行直达”制度，并规定 2000 元以上的开支需农经站站长签字，5000 元以上的开支需纪委书记签字，这大大压缩了村干部的灰色利益空间。多名村支书为此还在镇政府大院对农经站站长指桑骂槐，却被农经站站长及纪委书记以“制度要求”为

① 邹建平、卢福营：《制度型支配：乡村治理创新中的乡村关系》，《浙江社会科学》2016 年第 2 期。

由说服。可见，制度型支配已成为乡镇站办（所）执行政策的重要工具。

（2）技术治理。近些年来，行政科层化的技术治理取向越来越明显，其重要表现是行政吸纳政治，通过行政技术的运用来化解治理结构中的深层问题。某种意义上，制度型支配，典型如汪集街道实施的“银行直达”制度，在很大程度上也是技术治理逻辑的结果。但是，作为一项政策工具的技术治理，最直接的表现是运用现代科技（如互联网技术），结合行政科层化改革，来实现政府流程再造。

在汪集街道，政务服务中心的成立及运转突出体现了技术治理对乡村治理现代化的引导作用。①政务服务中心是服务型政府改革的技术化表现，也是为人民服务宗旨的行政吸纳，它在乡村治理体系的现代化建构中具有强大的合法性；②政务服务中心承接了相当部分常规任务，体现了行政理性化进程，并在实质上提高了行政效率；③政务服务中心虽立基于行政科层化，但一旦运转，就反过来确立了技术权威，有利于增强规范、程序及专业意识。在汪集街道，政务服务中心承担了办理业务及政策解释工作，这使得站办（所）虽掌握着规则设定权，却避免了与服务对象“议价”的可能性。

（3）政治动员。政治动员是中国共产党创立的一项颇具中国特色的治理方式。大致而言，作为一项政策工具，它包括两个有机组成部分：①行政体系内部的动员；②群众动员。[①] 前者的政策目标是行政资源的合理调配，后者的政策目标则是说服群众参与公共政策。当前，尽管大规模的群众运动已经不合时宜，但通过“做工作”来推行政策的方法仍有生命力。包村驻点制度的重要意义不仅在于包村干部可以调配行政信息和资源的中介，还在于乡镇干部一旦被赋予了包村任务，便可长期联系村庄，与村干部和村民建立紧密联系，进而在开展重要工作时，发挥群众动员作用。在汪集街道，每个乡镇干部除了从事业务工作外，都兼有包村任务，这为重要工作启动政治动员这一政策工具提供了方便。

（4）群众自治。自治本质上是一项自愿性的政策工具，即群众通过商议自主完成公共政策目标。在汪集街道，诸多村庄治理事务与公共政策执行有密切关系，如低保、贫困户的确定，均需通过村民代表评议，接受公示；村湾环境整治等工作，也与村民需求及组织能力有密切关系。故而，村民自治水平的高低，直接影响公共政策执行的效果。

（5）半正式行政。乡村两级之间的片区责任制早已不存在

① 吕德文：《群众路线与基层治理——赣南版上镇的计划生育工作（1991～2001）》，《开放时代》2012 年第 6 期。

制度合法性，2001 年全国性的乡镇机构改革后，大部分地区也撤销了这一管理层级。但近几年，全国各地又以变通的形式恢复了这一制度设置。只不过这一缺乏合法性的制度实践，恰恰为援引半正式行政这一政策工具提供了可能。在汪集街道，总支是一个典型的半正式行政设置。

首先，总支成员具有半正式身份。除了总支书记一般是公务员，其他成员或是事业编人员，或是“以钱养事”人员。据统计，从 2008 年设置总支开始，汪集街道陆续召回了 13 名当年“以钱养事”的分流人员进入总支工作。

其次，总支机构具有临时性。如前所述，总支 2008 年才逐渐恢复，且是近些年才随着乡村治理任务的不断增加而逐渐充实稳定的，其成立和发展均具有权益性。因此，总支的职责职能以及人员配置等都不稳定，总支经费（6.8 万元 / 年）实行包干制。

最后，总支与镇、村之间存在多元关系。一方面，三者之间具有领导与被领导的关系，总支接受乡镇党委政府的任务分派，配合站办（所）履行职责，有权指导、督促村级组织开展工作；另一方面，三者之间也有委托—代理关系，总支成员履行职责，虽遵循行政科层化的逻辑，却明显受行政包干制影响，尤其是“以钱养事”人员，与镇政府签有劳务合同，并领取 2 万元 / 年的劳务报酬。而总支与村干部之间，日常工作方法是“打成一片”，通过建立密切的私人关系来推动工作开展。

在乡村治理空间再造的意义上，多管齐下的治理策略意味着多元政策工具的使用。大致而言，政策工具包括自愿型、强制型和混合型。自治、政治动员等治理策略都可谓以自愿型政策工具为底色的；制度型支配、技术治理等治理策略，是强制型政策工具；半正式行政则是兼有自愿与强制相结合的混合型政策工具。可见，“四位一体”的乡村治理体系，不仅延续了传统的政策工具，而且还创造了新的政策工具，为乡镇政府提供了更多的政策工具选择。在政策工具的选择和运用过程中，乡镇政府遵循两个原则。

第一，任务分派原则。任务分派包括部门划分和流程划分。在汪集街道“四位一体”的乡村治理体系中，任务分派不仅体现在站办（所）的科层设置中，而且体现在不同政策执行体系的并行之中。不同部门、不同政策执行体系，对任务完成的技能和程序要求有所差别。通常而言，高度标准化的、政策性较强的常规任务，政策执行工具通常是技术治理——其技能要求是熟悉电子政务等现代技术；标准化程度不高，但政策性较强的常规任务，政策执行工具一般是制度型支配——其技能要求是熟悉政策，文字水平高；偶然发生的、并非事先准备的非常规任务，选择的政策工具一般是半正式行政——其技能要求是熟悉民情，善于做群众工作；有明确时间表的、非常规性的重要工作，往往会采取多管齐下的运动式治理策略，连平常不太采用的政治动员都会用上——其技能要求是要有极高的政治素养及协调能力。

第二，多轨道治理原则。公共治理是多因素作用下多轨道演进过程，包括领域内、领域间与跨领域组成的多轨道治理结构。通常情况下，政策工具与政策执行主体是相互匹配的；不同的治理任务被纳入不同的治理轨道后，即选择了相匹配的政策工具。在这个意义上，政策工具的优化组合，是多轨道治理结构塑造的结果：①从决策过程看，决策者在政策分类及治理任务转化的过程中，即内含着政策工具选择的考量；②在“四位一体”的乡村治理体系中，决策/执行是连续过程，选择单个政策工具抑或组合多个政策工具，都在乡镇领导的自由裁量范畴之内；③“四位一体”的乡村治理体系构筑了一个独立而完备的政策工具运作环境，这使得乡村治理实践中的政策工具运用可免受外界干扰。

从汪集街道的“政策工具库”来看，乡村治理实践并非简单地从总体性支配向技术治理转型。在实践中，总体性治理时代看似“老套”的治理方式，仍具有适用性；而技术治理所带来的新政策工具，虽逐渐主导了若干领域的公共治理，却仍无法代替甚或主导乡村治理的整体实践。综合而言，在乡村治理再造过程中，新旧政策工具间并未呈现出相互替代的关系，而是多元并存及优化组合的关系。

小结

当前，在乡村振兴战略的推进过程中，乡村治理挑战考验着基层政权。这一挑战主要源于：在乡村治理实践中，如何平衡合法性和有效性？[①] 自上而下的视角着力强调构建乡村治理新体系，使之纳入制度化、规范化、专业化轨道。这在一定程度上重塑了乡村治理的合法性，却未必适合所有农村地区的乡村治理需求。自下而上的视角强调强化乡村治理能力建设，对乡村治理制度与策略持实用主义态度，却未必符合乡村治理合法性建构的要求。

① 吴秋菊、林辉煌:《改革乡村治理：有效性与合法性的平衡》,《江西财经大学学报》2017年第5期。

对汪集街道乡村治理实践的考察发现，当前的乡镇政府通过治理空间再造，从而实现整体性调适合法性和有效性的目标。概言之，乡村治理是国家治理的基石。乡村治理空间的再造，本质上是在完成国家治理任务、形塑国家治理合法性的过程中，建构一个相对独立的、完整的政策执行体系。这一体系的合法性源自国家治理体系的制度供给，其有效性却源自能够有效回应乡村治理的需求。

具体而言，第一，乡镇政府充分运用自由裁量权，在政策分类的基础上实现治理任务转化。尽管政策的刚性和弹性是压力型体制塑造的，但乡镇政府仍可以在地化地识别政策属性，并通过重新设定权重及时间压力，来实现治理任务的多元化和有序性，在任务的轻、重、缓、急之间寻找弹性空间。

第二，乡镇政府通过再造政策执行主体，塑造了一个独立而完备的多元一体的乡村治理体系。尽管处于科层制的最底层，但乡镇政府通过在乡村两级间设立半正式的行政层级，援引多重制度逻辑，从而扩大了政策执行的制度空间，实现了多轨道治理。

第三，乡镇政府通过不断充实“政策工具库”，为多管齐下的乡村治理策略提供了条件。尽管经过了多次以精简和职能转变为目标的机构改革，但新的政策工具并未完全替代传统的政策工具，乡镇政府反而增加了更多的治理策略。

当前，通过乡村治理现代化建设来解决、提高乡村治理的有效性，渐成理论界和实践部门的共识。在乡村治理现代化的实践过程中，应然与实然并非界限分明，而是呈现出互相建构的关系。一个富有弹性的乡村治理空间，既可承接国家治理现代化的顶层设计对乡村治理体系和治理能力现代化的要求，又可有效应对政策环境复杂、治理任务多元的挑战。

概言之，乡村治理现代化并不意味着对原有治理体系的简单替代，其实践路径也并非单向度的，而是对原有治理体系的再造，以及为多种实践路径提供开放性的选择空间。当前，在推进乡村治理现代化的过程中，既要注重加强新制度的供给，如新技术驱动下的治理工具、政府流程再造、大部制改革等，又要注重原有的行之有效的传统治理制度及策略的激活，如片区责任制、包村干部制度、中心工作机制等。乡村治理现代化的重心在于扩大乡村治理的制度空间，压缩制度外空间。当务之急是，发现并激活有效治理策略，并将之纳入制度化轨道。

5 “多中心工作”与乡村工作共同体

近些年来，随着脱贫攻坚和乡村振兴战略的实施，乡村治理领域发生了百年未有之大变局。这一变局大致体现在两个方面，一是在国家治理体系和治理能力现代化的指引下，乡村治理的制度化和规范化程度迅速提高。其典型表现是，“监督下乡”已是乡村治理的一个关键变量，在相当大程度上重塑了县、乡、村三级治理体系。有经验证据表明，乡镇政府在属地责任的压力之下，陷入了权责不对称的困境之中，亟须调整条块关系。甚至于，基层为了避责，出现了“以退为进”的责任兜底现象，导致了基层治理资源的流失。

二是在城乡融合发展过程中，乡土社会逐渐演化为城乡社会，国家治理任务不断下沉，乡村治理负荷急剧加大。近些年来，越来越多的国家治理任务以攻坚、专项行动等方式推行，基层陷入了“多中心工作”的境地。① 而在城乡社会背景下，农民日常生活中的私事和细事不断涌入国家治理轨道，“生活治理”成了基层治理的重要内容。一些地方在资源约束的条件下，探索出了乡村工作共同体的有效经验，来应对日益繁重的治理任务。本章将对乡村工作共同体的运作机制展开分析。

---

① 仇叶:《行政权集中化配置与基层治理转型困境——以县域“多中心工作”模式为分析基础》,《政治学研究》2021 年第 1 期。

乡村体制错配

乡村治理规范化和治理负荷增大之间存在巨大矛盾，并引发了一系列的乡村治理变革。总体而言，基层政府需要兼顾乡村治理的有效性和合法性这一双重目标，需要再造治理空间，重塑乡村关系。具体说来，乡村治理空间再造主要通过三条路径开展。

一是通过经济激励形成乡村利益共同体。20 世纪 90 年代，基层为了完成日益繁重的计划生育和税费征收任务，逐渐形成了乡村利益共同体，乡镇政府通过赋予村级组织自由裁量权和税费返还，最大限度地调动其工作积极性。[①] 农村税费改革以后，“项目制”成了一种新的国家治理体制。在这一制度背景下，乡村利益共同体围绕项目的运作形成了新的分利秩序。

二是通过群众工作开展非正式治理。在熟人社会中，乡村治理的基本面是正式权力的非正式运作。随着乡村治理规范化的推行，以“软硬兼施”为主要特征的正式权力的非正式运作的空间逐渐压缩，群众工作方法被重新发现。在乡村治理中，

① 贺雪峰:《乡村治理 40 年》,《华中师范大学学报》(人文社会科学版) 2018 年第 6 期。

群众动员、思想工作等被广泛采用，并占据了越来越重要的位置。[①]

三是通过行政化，建构乡村责任共同体。越来越多的地方出现了村级治理行政化的趋势，典型表现是村干部职业化和坐班制，这在规范村级治理的同时，也出现了组织膨胀、行政消解自治等问题。[②]

总体而言，既有的乡村治理变革仍未有效兼顾乡村治理合法性和有效性的双重目标。其原因是，既有的村庄体制设计和区域社会特征之间出现了错配，那些看似正规化的村庄体制，虽然耗费了较多的行政资源，却未提高乡村治理绩效。[③]当前，中国农村正处于城乡融合发展的过程中，“城乡共治”的特征越来越明显。乡村治理的目标、任务和方式都要置于城乡融合发展过程中，单独采用上述任何一种方式都难以回应治理需求。而客观上，乡村治理处于国家与社会的结合地带这一基本特征并未改变，高度稳定且规范的科层体制与灵活多变的城乡社会之间，存在治理体系错配的固有矛盾。这意味着，乡村两级之

① 杨华：《农村基层治理事务与治理现代化：一个分析框架》，《求索》2020年第6期。

② 朱战辉：《村级治理行政化的运作机制、成因及其困境——基于黔北米村的经验调查》，《地方治理研究》2019年第1期。

③ 贺雪峰：《乡村治理现代化：村庄与体制》，《求索》2017年第10期。

间唯有形成工作共同体，才能形成灵活的乡村治理机制，从而应对百年未有之大变局。

本章将以江西省永新县的田野经验为基础，探讨城乡社会背景下乡村工作共同体的建构逻辑。2021 年 4 月 20 至 5 月 5 日，笔者在永新县开展了半个月的田野调查，访谈了县、乡、村三级干部和群众，并收集了有关资料。永新县是江西省的一个普通农业县，城乡流动人口占比较高，且人们的经济活动主要不在第一产业，家庭收入主要依靠第二和第三产业。可见，永新县已非理想型的乡土社会，而是具有了城乡社会的特征。据 2019 年的统计数据，该县下辖 25 个乡镇场、238 个行政村，全县总人口 53 万人，其中农村人口 43 万人，但全县常住人口城镇化率为 51.44%，绝大多数农村青壮年劳动力均外出务工。2019 年，全县生产总值 109.1 亿元，财政收入 12.4 亿元，三大产业结构的比值为 14.8∶25.7∶59.5。

“多中心工作”格局

中心工作是乡村治理的重要机制。毛泽东同志曾在《关于领导方法的若干问题》中指出，“在任何一个地区内，不能同时有许多中心工作，在一定时间内只能有一个中心工作，辅以别的第二位、第三位的工作。”时至今日，领导人根据地方的实际情况正确地决定工作重心和工作秩序，仍然是重要的领导方法。在实践中，中心工作机制的形成，需要具备两个条件：一是一级党委和政府要有领导艺术，将各项工作摆在合适的位置；二是上级机关不能不分轻重缓急地同时指定下级机关做很多项工作。只要有一个条件达不到，都有可能引起一个地方形成很多的中心工作和凌乱无秩序的状态。

自20世纪90年代以后，目标管理责任制这一治理技术在县乡治理中被广泛推行，为了完成任务与指标，地方各级政治组织把任务和指标层层量化分解，落实到下级组织以及个人，令其在规定时间内完成，然后根据完成情况给予政治和经济方面的奖惩。近些年来，伴随着村级组织官僚化的进程，这一体制也在乡村两级之间完成了制度建构。[1]

乡镇党委政府是官僚体制的最基层，尽管村级组织被纳入了压力型体制中，但乡镇仍然是乡村治理属地责任的承担主体。因此，乡镇党委政府负有将上级治理任务转化为本级治理事务，并调动村级组织参与完成任务之职责。在永新县，县级党委政府对乡镇展开年度考核。因此，在大多数情况下，县级机关对乡镇的任务分解和考核指标设定，在年初即确定。由于上级指派的任务的性质和权重不同，且每个乡镇的工作实际也不尽一致，因此，乡镇党委政府基本上都会以月为单位，重新对各项治理任务进行赋分，进而明确各项工作在本地区的地位。

各项工作位置的确定，主要基于此项工作是否进入考核体系。不同任务在考核体系中的不同位置，决定了其重要程度。从乡镇工作的实际来看，凡是进入考核体系的事项，都是重点任务。概言之，乡村治理中的重点任务就是事关考核实绩，需要重点投入治理资源，且在特定时间内完成的任务。

有些重点任务涉及“一票否决”，或者在特定时间内具有压倒一切的极其重要性，故而上升为中心工作。因此，中心工作是乡村治理中极端重要的任务，对考核实绩具有决定性作用，

---

① 欧阳静:《村级组织的官僚化及其逻辑》,《南京农业大学学报》(社会科学版)2010年第4期。

通常具有时间紧、任务重的特点，故而要集中大多数的治理资源，且由主要领导亲自推动。

当前，上级机关已经不轻易采用“一票否决”制。但从实践看，某些工作任务在考核体系中的权重特别大或者更容易受到问责，这些工作也就有了独特地位。比如，脱贫攻坚和综治信访工作虽然不太轻易使用“一票否决”，但上级政治机关通过反复检查督查和考核，对各地区进行排名，这些工作也就长期占据了中心位置（见表 5-1）。有些工作虽然未进入考核体系，但其突发性和极端重要性使得上级党委政府会临时将之列为单独考核事项。比如 2019 年年末突发了新冠肺炎疫情，在疫情最严重的时刻，疫情防控可谓是压倒一切的任务，基层如果出现了防疫漏洞，那主要负责人大概率会受到党纪和政纪的处分，这项工作也就事实上拥有了“一票否决”的地位。

表 5-1　2020 年永新县乡村治理事务

任务地位	长　期	短　期
中心工作	综治信访；脱贫攻坚	疫情防控；春耕备耕；三轮载客摩托车整治
重点任务	党建；环境整治；“两违”建房管控；安全生产；殡葬改革	森林防火；农保、医保；企业招工；征兵；防汛；秸秆禁烧；人口普查

从乡村治理的规律来看，一定时间内往往只有一项中心工作。这是因为农村事务往往具有连带性，乡村干部和农民之间在乡村治理过程中容易形成权利和义务的连带式制衡。[①] 比如，20 世纪 90 年代甚为普遍的中心工作是计划生育和农业税费的征收，这两项治理事务都需要乡村两级组织集中所有治理资源。为了获取农民对政策的支持，乡村两级组织负有为农民提供基本公共服务的职能。但进入农村税费改革以后，乡村事务中已经很难出现具有连带性的事务。综治信访和脱贫攻坚虽在考核体系中占据中心位置，却是针对少数人的工作，难以统摄其他乡村治理事务。

与此同时，近些年来，县级各职能部门都在开展注意力竞争，这些职能部门本可以依靠业务指导权开展工作，却选择借助党委政府的权威地位推动工作。[②] 党委政府的权威主要依靠考核机制和问责机制来推动。由此，越来越多的事项被纳入县乡考核体系中，乡村两级组织需要承担的属地责任也就越来越多。由于乡村治理中的重点工作并无连带性，且还具有各项事务都具有的竞争性或排斥性，这导致乡村两级组织难以统筹各

① 陈锋:《连带式制衡:基层组织权力的运作机制》,《社会》2012 年第 1 期。

② 练宏:《注意力竞争——基于参与观察与多案例的组织学分析》,《社会学研究》2016 年第 4 期。

项事务，各地的乡村治理普遍出现了“多中心工作”的格局。

从永新县的实际操作来看，每个乡镇都会通过班子会提前确定每个月的工作重点。在班子会召开之前，每位班子成员列出分管领域本月需要重点推进的工作，并在班子会上就政策执行的要点和完成的时间节点作出详细解释。此后，由党委书记根据重点工作的汇总表，提出赋分意见，并展开讨论，作出调整。班子会决议之后，乡镇党委和政府会以正式文件的形式，向各村（居）委员会下发月度工作考核细则。一般而言，中心工作会占据月度考核的 20%～30%，重点工作则在 5%～15%。有些中心工作因为具有时间紧、任务重且压倒一切的特征，赋分权重会急剧提高。比如，2020 年 2 月新冠肺炎疫情最为严峻的时候，疫情防控工作占据了 40% 的权重。一些临时性的重点工作，甚至连脱贫攻坚这样的中心工作，也不纳入考核，而综治信访等常规性中心工作，则降至 10% 的权重。

可见，当前的乡镇政府已经形成了“多中心工作”的格局，需要同时兼顾多项复杂任务。各项任务在上级各个职能部门的监督之下，都需要按时保质完成。在传统的中心工作机制下，这很可能导致乡镇一级被动接受多项任务，进而陷入凌乱无序的多项工作状态。但从调研情况看，永新县各乡镇通过乡村治理体制和机制的创新，大体适应了“多中心工作”的格局，维持了工作秩序。

乡村工作共同体的组织结构

为了应对“多中心工作”的格局，永新县各乡镇都对乡村治理体系进行了组织再造，通过构建混合型科层组织结构、建立任务小组以及构建村级治理的底层架构，形成了乡村工作共同体的组织结构。

混合型组织结构

依据任务性质的不同，基层政府会以不同的组织机制加以应对。大致而言，常规任务主要依靠常规治理体系进行处置。比如，规范性的、标准化的事务通过科层制进行专业化处置。而对于那些非常规性的任务，往往通过任务小组的模式进行处置。长期以来，乡村治理具有周期性和季节性，“中心工作”也有规律地出现。因此，运动式治理和常规性治理往往会交替出现，相互补充。

但在“多中心工作”的情景下，常规任务和非常规性任务相互交融。一些看似常规的任务，如村庄环境治理，因为容易，上级政府就加大了考核的频次和力度，也就上升为需要重点投入力量的非常规性任务。而一些看似非常规性的任务，如综治信访工作中的肇事肇祸精神病人管理、重点信访人维稳工作，因为长期存在，且敏感的时间点越来越多，事实上已经变成了常规性的中心工作。

在这种情况下，乡村治理体系需要建立一种具有行政调适性的“混合型”组织结构（见第6章）。这一混合结构包括三个主要内容：一是组织内部结构具有可选择性，既包括正式的科层制组织，也包括非正式的任务小组；二是对不同事务具有分类处置机制，防止对不同任务的处置出现冲突；三是这一组织结构，还可以援引多重合法性资源。如图5-1所示，永新县再造了乡村治理体系，建立了一套稳定的乡村工作共同体。这一乡村工作共同体的实质是，在保持“乡政村治”模式的基础上，将任务小组常规化，融合了常规体系和运动治理体系。

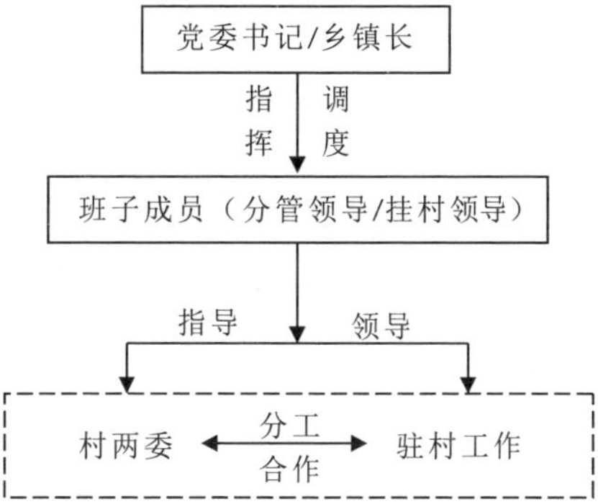

图 5-1　乡村工作共同体组织结构

乡镇任务小组

乡村工作共同体建构的第一步是重构乡镇党委政府的内部组织。乡镇党委政府按照科层制的设定，主要包括党政办（党建办）、农业农村办、经济发展办、社会事务办、综治中心、综合执法队、便民服务中心等部门。乡镇工作人员主要由公务员、事业编人员和临聘人员构成。以 C 镇为例，该镇共有工作人员 43 名，其中 15 名公务员，23 名事业编人员，还有 5 名临聘人员。其中，11 名班子成员均是公务员。乡镇每个干部都要身兼多职，每一个领导也要分管多条线的工作。

在现行的干部管理体制中，公务员和事业编人员有较大的鸿沟。在永新县，绝大多数乡镇公务员在符合晋升条件的情况下，都可以获得提拔；但绝大多数事业编人员，受制于身份，很难晋升和流动。如C镇干部结构所示，在15名公务员中，11名是班子成员，其余4名公务员都比较年轻。

这就意味着，班子成员可谓乡镇工作的中坚力量。乡镇为了有效应对“多中心工作”，除了党委书记和乡镇长，各班子成员和分管业务内工作人员，组成了相对固定的任务小组。党委书记和乡镇长的主要职责是宏观调控，对重点任务进行指挥和调度。通常而言，为了保证工作力度，及时发现和解决重点任务推进过程中的困难，乡镇主要领导的指挥和调度必不可少。大多数乡镇的党委书记和乡镇长有大致分工，比如，党委书记主要管“外务”，协调上级关系；乡镇长主要管“内务”，具体落实重点任务；如果中心工作比较多，则党委书记和乡镇长还会适当分工，各管一摊；如果乡镇比较大，辖区的村居比较多，那党委书记和乡镇长也会适当分片管理，各自指挥调度几个村居。

在C镇，其实际运作主要依靠9个班子成员及其各自带领的任务小组。每个班子成员都要负责统筹自己分管领域里重点任务的落实情况，同时还要带领任务小组完成重点任务，这些任务小组的主要任务包括三个方面。第一，常规任务完成。每个工作人员都有自己的固定职责，如任务分配不合理，分管领导可以机动协调。第二，重点任务完成。乡镇如组织中心工作和重点任务的攻坚，那任务小组要承担临时分派的任务。第三，驻村工作。任务小组也是驻村工作组，需要推动、协助村级组织完成任务，分管领导是工作组织者，小组成员则是驻村人员。

驻村工作和重点任务之间具有交叉性。乡镇的大部分工作需要在村庄落地，乡镇进行任务分派，也是以村庄为基础的。举例而言，2020 年新冠肺炎疫情缓和后，早稻生产任务被提上了议事日程。由于时间紧任务重，上级党委政府以硬性指标和政治任务的形式，将早稻生产任务摊派到各乡镇。各乡镇为了完成任务，也以硬性指标的方式将上级下达给本级的任务分摊给各任务小组和村级组织。

村级底层架构

乡村共同体建构的第二步工作是，在村级层面形成任务小组的底层架构。这一组织架构，由乡镇驻村工作组和村两委“混合”而成。具体而言，驻村领导既是驻村工作组的直接领导，也代表乡镇对村两委施行指导和监督的职能。在村级任务小组的运作过程中，村支部书记具有独特地位。近年来，各地都加强了基层党组织建设，选优配强村支部书记。而且，绝大多数村庄都实现了村支部书记和村委会主任一肩挑。事实上，乡镇党委政府也在制度上强化了村支部书记的权威和作用，比如，村支部书记可以参加乡镇党委政府召开的重要会议，乡镇的所有任务分配和精神传达，都通过村支书。因此，村支部书记事实上是村级任务小组的执行组长，负责村一级重点任务的分解和统筹完成，而驻村工作组和村两委的成员，则负责完成具体任务。

驻村工作组和村两委的乡村干部，形成了既分工又合作的关系。一般而言，他们主要是按照事务性质进行分工。乡镇干部主要承担文牍工作，比如，上级下发的各类报表、统计、报告等，均由驻村干部承担。而村干部主要负责群众工作，将任务具体落实。报表、统计、报告等反映的内容，均是由村干部完成的。

在“多中心工作”的格局下，当前的乡村治理体系虽然还是保持了“乡政村治”模式，但其运作机制却有极大改变，乡村治理并不依靠常规治理和运动式治理的轮番切换来实现，而是依靠制度化的乡村工作共同体来实现。在乡村工作共同体中，乡镇政府的科层制被改造成了具有灵活性的任务小组；通过驻村工作机制的常态化以及村支部书记的功能强化，村级组织也被纳入了乡村治理的任务小组体系中。

乡村工作共同体的分级运作模式

乡村工作共同体对传统意义上的“乡政村治”模式进行了结构改造，由乡、村两个层级，变成了党委书记/乡镇长、任务小组和村干部三个层级，并在此基础上形成了“顶层调度—中层执行—底层动员”的分级运作模式。

顶层调度

在乡村工作共同体中，党委书记和乡镇长可谓乡村治理的“主管”，他们承担了乡村工作共同体的调度角色。永新县的乡镇分为三类，一类乡镇是所谓“大镇”，人口较多，交通方便，经济相对发达；二类乡镇是中等乡镇；三类乡镇则人口少、地理位置偏僻且经济欠发达。客观而言，一类乡镇是重点乡镇，各项工作都容易获得上级的重视，这类乡镇对自身的要求较高，也就会自我加压，确立保先争优的工作目标。三类乡镇虽然政治地位较低，却并不意味着乡村治理没有压力。事实上，三类乡镇和一类、二类乡镇一样，同样要完成上级下达的刚性任务。并且，相较于一、二类乡镇，三类乡镇更需要在工作上创特色、出成绩，通过干事创业来激励乡村干部。由于大多数乡镇都是二类乡镇，同质性强，各乡镇之间的竞争也就比较激烈，对工作也需要重视。因此，工作调度的前提是党委书记和乡镇长结合本地实际，形成共识，进而明确各项工作在本乡镇的地位。

乡镇重点工作的主要依据是上级对各项工作的考核和问责情况，具体是由班子成员提出并成为乡镇月度考核的指标。但每项工作的权重如何，却是班子成员形成共识的结果。比如，C镇是一个三类乡镇，常规性的脱贫攻坚和信访维稳等中心工作，任务并不算很重。除了极其特别的情况（比如疫情防控），上级下达的任务在本地区范围内并不难完成。因此，他们对一些特色工作就甚是上心。比如，人居环境治理在县级治理层面只是一项普通的重点任务，但C镇却对此用力颇深，一直保持较高的赋分，且配置较多的资源投入这项工作中。通过人居环境治理，C镇在某人居环境治理的典型示范村的基础上招商引资，成功打造了特色小镇。某种意义上，C镇因为人居环境治理和特色小镇的工作，成功改变了其三类乡镇的地位，成了上级注意的焦点。

顶层调度不仅要凝聚共识、确定工作目标，还要合理配置任务小组。任务小组配置的关键是要对班子成员进行合理分工。在乡镇，除了纪委书记有明确要求必须专注主业外，其他的班子成员都要身兼多职，参与驻村工作以及各项中心工作。因此，每个班子成员除了要完成其固定职位所要求的工作，还需要分管其他工作。大致而言，班子成员的分工需要综合考虑其职位、年龄、经验、工作经历等。比如，在乡镇干部晋升的隐形台阶中，党委副书记和担任党委委员的副镇长，比一般的副科级领导干部的位置重要，几乎是副科级干部提拔为正科级干部的必经之路。[①]

在大多数情况下，担任这两个职位的乡镇干部，都有较为丰富的工作经验，经历过多次岗位流动，且年富力强，制度激励比较强。[②]因此，担任这两个职位的干部往往都是任务最重的任务小组的负责人。比如，C镇的党委副书记担任了三个村的驻村工作组组长，并且其中两个村有项目实施，他事实上也承担了项目攻坚的任务。而女性班子成员往往都分管文教卫等常规性工作（这些工作任务甚至都不纳入月度考核），驻村工作也会配置到任务较少的村庄去。

在任务小组的实际运作过程中，党委书记和乡镇长通过督促检查来推动工作。督促检查是调度过程中的常见工作方法。党委书记和乡镇长通过现场巡查发现问题，并通过问题反馈督

---

① 吕德文:《基层干部更替及其隐性激励》,《武汉科技大学学报》(社会科学版), 2020年第2期。

② 杨华:《“制造流动”：乡镇干部人事激励的一个新解释框架》,《探索》2020年第4期。

促工作。重点任务的完成都有明确的时间压力和质量要求，督促检查的力度越大，也就越能对标时间，保证质量。

事实上，在多数情况下，大多数重点任务的落实都会出现落实难的问题，有些是上级要求与基层实际不相符合，有些是负责落实的乡村干部认识不到位，党委书记和乡镇长在督促检查的过程中，需要对不同情况提出不同的意见。如果是落实确有困难，那“顶层调度”就得为一线创造条件，包括乡镇一级统筹增加支持，向上级反馈完善政策。比如，2020 年的早稻生产任务，因为政策出台的时间紧、任务重，导致各村普遍存在落实难的问题。在此情况下，各乡镇都投入了奖补资金推动此项任务的落实。

中层执行

乡村工作共同体建构的关键是塑造了一个灵活高效的中间层，由此拓展了乡村治理空间。事实上，“中层机制”一直是乡村治理体制保持有效性的重要制度设计。各地对中层机制的建构一直都有，如有些地方激活了片区制，以总支或管区的形式，在乡镇和村一级之间增加了一个管理层级。有些地方则将驻村和联村制度实体化，通过联村制度来实现乡镇对村庄的嵌入性治理。而近些年来，各地普遍推行村党组织书记通过合法程序担任村委会主任，且村支部书记的政治、经济待遇和其他村干部有显著差别，这使得村支书事实上成了乡村治理的“中间层”。

在永新县，乡村工作共同体是片区制、驻村制、村支书“一肩挑”等多个制度综合实践的结果。在乡村工作共同体中，“中间层”就是任务小组，结构虽简单却完整。一线执行者因为拥有自由裁量权，事实上拥有决策权。任务小组作为一个简约高效的执行单位，内部也有完整的“决策—执行”结构。其中，驻村领导是决策者，村支书负责任务分派，驻村干部和其他村干部则负责任务的落实。

任务小组本质上是行政发包制的表现。行政发包是以层层整体性发包代替专业化分工和一体化协调，最小化总部协调功能。[①] 在乡村工作共同体的运作过程中，顶层调度只控制一些核心的权力，如重点任务的位置和班子成员分工，以及对治理目标的控制，乡村治理的常规运作完全由任务小组自主完成。班子成员要“承包”其分管领域的任务完成情况，又要“承包”驻村的任务，乡镇以整体性问责代替各司其职，以承包人的无限责任代替代理人的有限责任，以结果考核代替过程和程序控

① 周黎安：《行政发包制》，《社会》2014 年第 6 期。

制，以人格化问责代替职业主义要求。

任务小组糅合了正式制度和非正式运作。其正式性表现在，任务小组内部的组织结构和职责分工，均是建立在各个小组成员在科层制中的职责基础之上的，且任务小组的履职情况，也是建立在属地责任等一系列的制度规定基础之上的。

其非正式性则表现在，任务小组的运作通常以变通的方式来完成任务，尤其是在时间紧、任务重的中心工作的完成过程中，需要采取大量的非正式治理方式。比如，无论是疫情防控还是早稻生产，任务小组都以“不讲条件、不惜代价”的方式坚决完成任务，体现了以结果论英雄的特征。在新冠肺炎疫情防控期间，所有任务小组成员都下沉到村庄，开展疫情防控工作；而在推进早稻生产过程中，由于早稻生产的条件已经不具备，且农民生产的意愿极低，C 镇的不少驻村干部和村干部想出了由任务小组成员“合伙”流转农民土地种田的办法，“村干部都被逼成了种田大户”。

“中层机制”的一个重要功能是，它实现了治理下沉，并推动了底层动员机制。归根结底，任务小组的目标是将任务落实。乡村治理的绝大多数治理事务需要与农民打交道，比如脱贫攻坚、疫情防控、早稻生产、环境整治、“两违”建房管控、殡葬改革，无不涉及群众生产生活方式的改变。因此，动员群众参与乡村治理，是乡村工作共同体运作的基础。

底层动员

在乡村工作共同体中，村庄仍然保留着简约治理体系。如上所述，驻村工作组已经成为村级日常治理不可或缺的力量。客观上，驻村工作组承担了绝大多数文牍化的行政任务。比如，脱贫攻坚是一项长期性的中心工作，台账多，且专业性极强，驻村工作组就专门配备了一个扶贫专员。在这种情况下，永新县的村两委并未感受到基层形式主义的干扰，基层减负的压力也不大。村干部仍然可以专注于村庄内部事务的管理，有足够的时间和精力做好群众动员工作。

村两委的日常运转由村主干（书记 / 主任、副主任、会计）承担，他们负责村委会值班、处理日常事务。村主干有固定薪俸，但极少。村支书 / 主任的年薪在 2 万元左右，副主任和会计都为 1.5 万元左右。由于固定薪俸少，且村干部并未职业化，反而给群众动员创造了大量空间。村庄在落实行政任务的时候，通常的做法是通过任务小组进行分解，一部分变为行政事务，由任务小组自行完成；还有一部分则转化为村庄内部事务，成为村民自治范围内的事情。

在乡村治理实践中，行政和自治之间往往存在冲突。比如，脱贫攻坚是一项政治任务，任务小组实际上是脱贫攻坚的责任共同体。但是，脱贫政策和村庄伦理之间，往往存在冲突。贫困户的认定及其受到的帮扶，虽然符合政策，却未必能够获得社区的认可。因此，村干部的重要工作便是向非贫困户解释脱贫政策，尽量弥合贫困户和非贫困户因利益分配不均而造成的社会分裂。

比如，人居环境治理涉及贫困户和非贫困户等所有村民，这一工作成为弥合社会分裂的重要切口。任务小组通过申请和实施项目，开展道路、改厕、改水等基础设施建设，来惠及所有群众。更重要的是，任务小组还需要召开群众大会，宣传动员村庄环境治理的意义和做法。村干部则需要时常入户，了解群众想法，做好群众的思想工作，并在此基础上完善村庄环境治理方案。比如，C镇各村普遍通过合理调配脱贫政策资源，给贫困户提供公益性的保洁员岗位，从而建立了村庄环境治理的长效机制。甚至于，在完成早稻生产任务的过程中，各村也以公益性岗位的形式，让贫困户承担田间管理工作，让任务小组“合伙”种田完成上级下达的任务成为可能。这些做法，一方面符合脱贫政策，即贫困户的增收可以以提供公益性岗位的方式来实现；另一方面，也符合普通群众对社区正义的理解，非贫困户也需要受益于国家政策。概言之，村干部通过群众工作，在完成行政任务的同时，也维护了社区伦理，而这一维护村庄公平秩序的做法，又反过来增强了乡村治理的有效性和合法性。

乡村工作共同体的分级运作模式，是一个制度化了的运作机制。顶层调度、中层执行和底层动员是相互联系、互为支撑的关系。三个层级包含了决策、执行、监督、评估等完整的政策过程，且融合了正式制度和非正式运作，实现了行政和自治的结合。

小结

改革开放以来，我国确定了“乡政村治”的乡村治理体制，即在乡镇一级设立基层政权，在行政村一级建立村委会，实行村民自治。“乡政村治”模式具有深厚的历史和实践基础，在乡镇一级建立基层政权，是近代以来国家政权建设的结果；而在行政村一级实行村民自治，又尊重了乡村自治传统。在乡村振兴的背景下，以项目制和监督下乡为代表的现代治理方式，以及以技术治理为代表的国家治理现代化改造，对“乡政村治”模式产生了极大的影响，乡村治理的制度化和规范化程度极大提高。如今，党组织领导的自治、法治、德治相结合的乡村治理体系，已经逐渐成型。然而，在乡村振兴的背景下，由于治理负荷急剧加大，治理资源也高度密集，过去的治理机制已经难以适应。

近些年来，全国各地都在探索适合乡村振兴时代的乡村治理机制。比如，有些地方开始进一步拓展自治的空间，将自治单元从行政村一级下沉到自然村和村民小组一级；有些地方以村委会行政化为策略，通过村干部专职化、坐班制，来强化村级组织的行政属性；有些地方则通过公共服务下乡，让政府职能部门下沉到村庄，实现对群众的面对面服务。这些经验探索，通常都是以增加治理资源的投入为前提的，由此也出现了乡村治理“内卷化”以及行政替代自治等弊端。

乡村工作共同体是乡村治理的有效制度安排。一是乡村工作共同体是一种以治理任务的分工与完成为基础的中心工作机制。和一般意义上的建立在职责分工和权力配置基础上的行政体系不同，乡村工作共同体并无明确的职责分工，亦无固定的权力配置，而是根据任务类型、时间压力等因素，确认各项任务的位置并配置相应的治理资源。乡村工作共同体内部虽然有层级划分，但其层级划分主要服务于建立完整的政策过程，并保证工作的落实。

二是乡村工作共同体重塑了“乡政村治”的组织结构。客观上，乡村工作共同体并未改变“乡政村治”模式，也未颠覆既有的乡村治理体系。但是，乡村干部组成的任务小组，实现了制度设置与实际运作之间的“分离”。其中，处于科层制内的驻村工作组下沉到村庄一级，参与了村级治理；而村干部，尤其是村支部书记，事实上被纳入了科层制，深度介入了乡镇工作。

三是乡村工作共同体是多管齐下的混合治理的载体。乡村工作共同体在乡村治理过程中，综合了利益、情感、责任等工作方法。它并未替代过去常用的利益共同体和压力型体制，也未完全摒弃近些年常见的村级组织行政化措施，而是通过工作机制的创新，保持了乡村简约治理体系。

需要指出的是，本章对乡村工作共同体的分析，主要着眼于治理任务的完成。因此，乡村工作共同体的主要内容是乡村两级组织在行政过程中的组织、人员和资源的重组。但在实践中，乡村工作共同体属于社会治理共同体的有机组成部分，它在社会协同和群众参与的配合下，简约高效地完成了乡村治理任务。实际上，乡村工作共同体在运作的过程中，底层动员的主要目标便是将社会组织的力量和群众吸纳到乡村工作共同体中。

可见，乡村工作共同体在不改变“乡政村治”模式和党组织领导的自治、法治、德治相结合的乡村治理体系的前提下，通过机制创新适应了乡村治理的需求。一方面，它并未改变既有的乡村治理体系，却因地制宜地创设了适合乡村振兴目标的治理机制。另一方面，它并未打破“乡政村治”的基本结构，却实现了治理重心的下沉，且还保持了简约治理的形态。在这个意义上，乡村工作共同体的经验启示是，“乡政村治”模式并未过时，通过乡村治理机制创新，完全可以适应乡村振兴时代的治理要求。乡村治理现代化的核心并不仅仅在于制度化、规范化、技术化和智能化，还在于兼顾乡村治理的有效性和合法性，简约高效地完成治理任务。

6 “混合型”科层组织的制度逻辑

备受诟病的临时工现象为何长期存在？近些年来，在媒体不断聚焦街头执法冲突事件的背景下，政府机构中的临时工现象广受关注。临时工滥权，且常常成为政府机构推卸责任的替罪羊，这一行政现象受到舆论的严厉批评，并得到了学理支持。与之形成强烈反差的是，政府机构中的临时工数量有增无减。在警察、城管等街头行政部门中，临时工数量甚至远超正式执法人员。

学者们主要从编制硬约束和财政软约束两个角度解释了临时工存在的原因。[①] 这些研究虽揭示了临时工存在的动力和条件，却忽视了对政府机构中临时工稳定存在的组织机制的正面阐释，以至于临时工赖以生存的组织机制及其塑造的“混合型”科层组织形态，仍像是一个“黑箱”。为打开这一“黑箱”，笔者将从行政调适性视角考察“混合型”科层组织的制度逻辑。

① 叶静:《地方软财政支出与基层治理——以编外人员扩张为例》,《社会学研究》2016 年第 1 期。

基层行政调适性

在劳动法规中，临时工这一劳务形态已不复存在，是一个不具法律意义的概念。然而，在实践中，相较于正式工作人员，政府机构存在大量待遇低、工作不稳定的临时工作人员。因此，临时工并非一个规范性概念，而是实践中的描述性概念，它指的是政府机构通过购买服务、劳务派遣等市场机制招聘的编外人员，其工作性质具有临时性、辅助性和替代性特征。[①]临时工是一种制度化了的行政现象，亦塑造了“混合型”的科层组织——正式行政和半正式行政的有机结合。

那么，“混合型”科层组织的运作逻辑是什么？欲合理解释这一问题，需解释临时工存在的制度逻辑：①从消极方面看，政府机构通过何种组织机制吸纳临时工，使之不至于影响政府合法性？②从积极方面看，临时工又有何特殊的组织功能，以至于它在政府机构中具有不可替代性？

自从马克斯·韦伯提出官僚制之后，具有规则化、层级制、专业化等特点的科层组织就被认为是现代社会组织的理想类

① 杨云霞、黄亚利:《公共部门临时工的身份冲突——对 88 份文本的实证分析》,《西南民族大学学报》(人文社会科学版) 2012 年第 12 期。

型。[①] 组织研究的一个潜在主题是通过对韦伯式科层组织的批评展开的。在中国情境中，这一批评始终与中国科层组织的混合性有关，而“混合型”科层组织的形塑与临时工现象有直接关系。

从“纯粹”科层制的视角看，临时工可谓政府改革的意外结果。改革开放以来中国进行了七次政府机构改革，前几次改革的核心目标如机构精简、转变职能、权责一致等几乎是按理想的科层组织特征设置的。这一改革进程制造了“编制硬约束”这一临时工存在的制度根源。具体而言，编制作为职位管理的一套体系，已成为精简机构、裁减冗员的主要工具，各级政府通过制订“三定”（定编、定岗、定人）方案，严格控制政府机构和人员规模。但是，政府改革与编制管理以单纯的“精简”原则替代了理性的“调适”原则。[②]“三定”方案很难考虑到各地实际情况及各部门的功能需求，在地方政府职能不断扩张的情况下，只能通过雇用编外人员来解决正式人员不足的问题，而地方财政软约束则为政府机构雇用编外人员提供了方便。[③]

① [德]马克斯·韦伯:《支配社会学》，康乐、简惠美译，广西师范大学出版社2004年版，第22—24页。

② 何艳玲、李丹:《机构改革的限度及原因》,《政治学研究》2014年第3期。

③ 叶静:《地方软财政支出与基层治理——以编外人员扩张为例》,《社会学研究》2016年第1期。

在此基础上，科层组织内部市场化为政府机构雇用群体的扩张创造了机会，政府利用合同外包、购买服务等市场机制制造了“影子雇员”。[①]

放宽视野，“官吏分途”及其当代延续是中国科层组织的重要特征。[②]当前，地方治理人事结构中的雇用群体接近于历史上的“吏”，且是决定地方和基层治理绩效高低的重要因素。[③]可见，“混合性”是中国科层组织的重要特征。临时工并非异类，反而具有深厚的历史渊源及制度依据。中国科层组织内部结构的重要特征是运用准官僚和半正式行政，实现了“集权的简约治理”。[④]通俗而言，正式人员与临时工在科层组织内部并存共生，他们事实上具有上下级关系，却因身份不同而相互区隔。事实上，临时工是诸多政府行为策略选择的基础。以“半正式行政”为议题的文献，虽未明确提及临时工，但其经验材料却表明半正式人员在其中发挥着关键作用。

---

① 郑崇明、倪星:《从官吏分途到科层内部市场化：次官僚与国家治理的有效性——以公安机关警务辅助力量为研究对象》,《领导科学论坛》2016 年第 3 期。

② 周雪光:《从“官吏分途”到“层级分流”：帝国逻辑下的中国官僚人事制度》,《社会》2016 年第 1 期。

③ 刘建军、马彦银:《从“胥吏分途”到“群体三分”：中国地方治理的人事结构转换及其政治效应》,《社会》2016 年第 1 期。

④ 黄宗智:《集权的简约治理——中国以准官员和纠纷解决为主的半正式基层行政》,《开放时代》2008 年第 2 期。

既有研究较为充分地解释了临时工产生的原因，以及临时工在塑造“混合型”科层组织中的关键作用。不过，也有一个核心问题未得到充分解释，即临时工对政府机构而言是把双刃剑，它虽提高了行政灵活性，却也带来了行政风险。那么，政府机构是如何在提高组织效率的同时规避临时工带来的组织风险的？下面我将从行政调适性的视角，讨论“混合型”科层组织的运作机制。

调适性是政治体系制度化水平的重要指标。概言之，调适性是后天获得的组织性，是适应环境挑战的能力和存活能力。具体到政府治理模式中，行政调适性的另一个说法是弹性化政府，是指政府及其机构有能力根据环境的变化制定相应的政策，而不是用固定的方式回应新的挑战。[①] 简言之，行政调适性追求的原则有二：制宜原则与适应原则。前者指的是政府机构能够因人、因地、因时、因事而制宜；后者则指政府机构能适应环境变迁，有合适的备选方案。转化为组织与环境的关系，这两个原则是指：①政府机构的组织内部结构具有弹性；②政府外部行为具有适应性。

汤普森指出从环境不确定性的应对机制来看，组织会在技

---

① ［美］B. 盖伊·彼得斯：《政府未来的治理模式》，吴爱明译，中国人民大学出版社 2001 年版，第 87 页。

术内核与环境之间建立缓冲区，以保护组织内核免受干扰。[①] 如果将临时工置于分析中心，可见临时工处于“混合型”科层组织中正式人员与组织环境间的缓冲区，它们形成了相对稳定的同心圈结构（见图 6–1）。

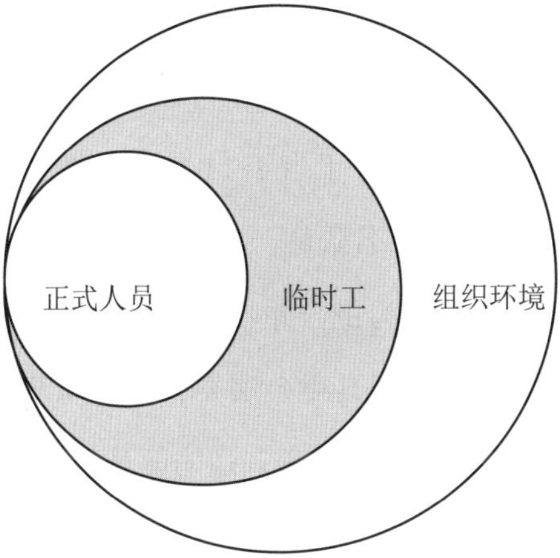

图 6–1　“混合型”科层组织的同心圈结构

这一理想型的同心圈结构，具有弹性化政府的潜在特点：组织内部结构机制具有可选择性、人事管理富有弹性及临时性治理方法。换言之，临时工让“混合型”科层组织获取了自我

① ［美］詹姆斯·汤普森：《行动中的组织——行政理论的社会科学基础》，敬乂嘉译，上海人民出版社 2007 年版，第 2 章。

保护功能和环境亲和力，可谓行政调适性的组织基础。基于这一认识，我将结合永新县巡防大队的实证研究，尝试从行政调适性视角对“混合型”科层组织的运作机制展开分析，并遵循“个案中的概括”的研究路径，对个案经验展开分析性概括。具体而言，从行政调适性的视角，展示永新县巡防大队行政运作的具体情境、过程及关系，并在此基础上对临时工的组织机制做一个可能的解释。我们 2014 年 7 月在永新县巡防大队进行了为期 20 天的田野调查，并于当年 11 月上旬做了补充调查。调查期间，巡防大队有 81 名队员，其中民警 17 名，巡防队员 64 名。我们的调查以访谈为主，并收集了相关档案材料、个人笔记等。访谈对象主要包括县委政法委、公安局及其他相关部门的主要领导，以及巡防大队民警和巡防队员，共 20 余人。

组织风险

随着经济社会的发展及政府改革的推进，政府机构面临环境不确定性带来的挑战。公安机关工作人员是街头官僚，因其工作界面在街头，面临着比其他政府机构更为复杂的工作环境，包括组织资源的匮乏、公民需求的无限性和多样性以及公众对他们工作期望的冲突与不确定性。① 同全国公安机关一样，永新县公安局的组织风险主要源自其街头行政过程，包括技术环境风险、制度环境风险及组织内部控制风险三个层面（见表6-1）。

表 6-1　公安机关的组织风险

风险层面	具体风险	简要说明
技术环境风险	组织任务重	非警务活动剧增，警情处置难度大
	现场处置难	警民冲突可能性大
制度环境风险	问责	地方政府因社会治安管理问题面临上级问责的压力
	合法性危机	社会秩序混乱和警民冲突事件，使地方政府丧失公信力
组织内部控制风险	街头官僚特殊性	一线执法自由裁量权失控
	部门分割	公安局内部各个部门间协调成本高

① 韩志明：《街头官僚的空间阐释——基于工作界面的比较分析》，《武汉大学学报》（哲学社会科学版）2010 年第 4 期。

受第四次警务革命的影响，全国公安系统于20世纪90年代开启了从静态警务向动态警务的转型，强调主动提前将警务、巡逻与刑侦相结合。根据形势需要，永新县公安局于2002年建立了110报警服务平台，并组建了巡警大队，以此作为一级接处警单位（派出所因而变成二级接处警单位）。

110报警服务平台公开对社会承诺“四有四必”，即有警必接、有难必帮、有险必救、有求必应。110报警服务平台使得警察与民众间只有一个电话的距离，民众无论何时何地总可以找到警察，且警察对大部分难题都会采取措施，这导致非警务活动急剧增加。永新县110报警服务平台每年接警量在1000件左右，其中90%是非警务活动。而巡警大队当时只有8名民警，实行24小时值班制，每班4人。按照110接处警规定，每次出警须2人一组，这意味着巡警大队只能发挥接处警职能，且极限是同时处理2个警情，根本不能司职巡逻，也无法应对如此之多的非警务活动。永新县公安局内部流传着一个反复上演的关于110民警接处警的经典故事（见案例1）。

案例1：一天夜里，一对夫妻因家庭琐事吵架，情绪激动地拿起了菜刀，邻居见状打110报警。经过巡警近半个小时的调解，夫妻俩虽未完全消气，却放下了菜刀。巡警见状先行撤退，并通知派出所民警进行二级接处警。可是，派出所值班民警判断这是一个非警务活动，就姗姗来迟。案件处置的结果让人啼笑皆非，夫妻俩倒是和好了，却都埋怨公安局不负责任，“有事打 110”是假宣传。

可见，巡警大队建立后，永新县公安机关街头行政环境的不确定性增加了，表现在以下三个方面。第一，状态不确定性。永新县公安机关未能预知 110 报警服务平台将导致非警务活动剧增，以及分级接处警机制所带来的部门协调困难等状况。第二，效应不确定性。永新县公安机关缺乏街头行政环境变化与动态警务改革措施之间复杂因果关系的相关知识——“四有四必”承诺的本意是提高公安机关合法性，改善街头行政环境，却也可能适得其反，增加群众对公安机关的依赖性，提高街头行政的风险。永新县公安机关未能预期的是，街头行政环境的变化已对动态警务改革措施产生了负面影响，群众满意度反而降低了。第三，回应不确定性。在改革过程中出现了诸多不确定性因素的情况下，永新县公安机关很难准确判断其动态警务改革措施的结果与效用，这导致地方政府很难下决心及时解决问题，除非上级政府追责。

街头行政环境不确定性的增加，直接增加了永新县公安机关的组织风险。一是“110 报警服务平台 + 巡警大队”的动态警务模式，改变了永新县公安工作的技术环境，使工作任务更重、现场处置更难。面对这一变化，民警显得左右为难。如案例 1 所示，不撤退意味着警力内耗，撤退又可能导致群众不满。

二是复杂的制度环境让公安工作受到更大的制约。警务改革让“公安局该管的管不了，不该管的却管了”。如案例 1 所示，公众质疑甚为普遍，这导致永新县在 2006 年全省公众安全感测评中位列倒数第一，成了社会治安重点整治县。

三是公安机关组织内部控制更为困难。巡警属于街头官僚，拥有自由裁量权且事实上具有政策制定能力。如案例 1 所示，接处警民警在判断案件性质、决定处置措施的时候，具有高度自主性；再加上巡警大队和派出所之间存在协调问题，虽是普通的警务活动，却也容易因措施不当而制造组织危机。

为化解非警务活动剧增带来的组织风险，2007 年永新县作了两个决定：一是年初掀起扫黑除恶行动，摧毁了盘踞县城多年的两个恶势力犯罪团伙；二是为加强社会治安综合治理工作，于 6 月组建了专职治安巡防队。永新县巡防大队当年即招聘了 63 名专职治安巡防队员，同时调入 4 名民警充实巡警大队。巡防大队的法人单位为县综治办，但由公安局巡警大队进行日常管理和使用。至此，永新县公安局成建制地组建了巡防大队，临时工现象凸显出来，公安机关也事实上具有了“混合型”科层组织的特征。

永新县巡防大队具有软财政约束的典型特征，其财政预算和支出都有较大的不确定性。比如，巡防队员的收入构成是工资（800 元 / 月）、绩效（300 元 / 月）、社保（1000 元 / 年），此工资水平与同期当地最低工资标准（1060 元 / 月）相当。巡防大队经费保障不足，巡防队员工资待遇较低，导致巡防队人员流动性大、兼职现象明显、整体素质不高，以至于工作期间中途歇息、迟到早退、借故请假等轻微违纪行为难以规制。但是，人们耳熟能详的临时工现象——巡防队员越权执法、粗暴执法的情况，却未有报道。与此同时，永新县巡防大队对当地治安管理，乃至县域治理，都发挥了重要作用。永新县各类中心工作，大到召开“两会”、创建卫生城市、重大节日安保，小到领导视察、街道整顿、拆违建，巡防大队都是主力。2009 年，永新县被授予江西省“平安县”的匾牌，排位跃居全省中上游。

可见，永新县巡防大队是当地政府为提高行政调适性以有效回应各类制度环境风险的策略选择。

首先，提高把握环境变化的能力。永新县巡防大队归公安机关管理调配，这使得公安机关更容易深入街头行政环境，捕捉复杂环境的微妙变化。警力的增加，加强了巡警大队即时处置非警务活动的能力，缩小了其决策与环境变化之间的时间差。

其次，提高动态警务实践能力。组建巡防大队是永新县地方政府在准确研判动态警务改革与街头行政环境之间复杂关系的基础上作出的决策。将永新县巡防大队划归巡警大队管理使用，直接赋予了巡警大队巡逻功能，使街头行政环境有了实质性的改善。

最后，提高警务政策的回应能力。永新县巡防大队的建立是地方政府在对动态警务改革的结果与效用进行准确判断的基础上作出的决策。客观上，公众安全感的降低及上级政府的追责，已帮助永新县认识到其前期改革措施的缺陷。而永新县巡防大队的建立，既是对上级政府问责的直接回应，也是完善动态警务改革的根本措施。

对于永新县公安机关而言，虽然巡防大队是为解决制度环境风险而产生的，但巡防大队成建制地引入了临时工，本身也是在制造组织风险。只不过，永新县巡防大队将临时工现象控制在了一定范围内，基本上防止了巡防队员滥权现象，并想尽办法发挥其辅警职能。从经验上看，永新县巡防大队对临时工的控制和使用，是通过一系列“混合型”组织机制来达成的，包括富有选择性的组织内部结构机制、灵活机动的政府行为策略选择机制及边界扩展行为的合法化机制。

组织结构的可选择性

从组织结构的角度看，行政调适性的基本设想是在政府内部采用可选择性的结构机制，以取代传统部门和机构。永新县巡防大队实行的“一套人马、两块牌子”，在我国政府机构及社会组织中甚为普遍。它具有组织外形化特征，既表现为正式结构与实际运作不尽一致的组织“分离”，又进一步表现为两种组织类别并存共生。[①] 据此，永新县巡防大队是兼有两个组织类别，且呈现出双层结构特征的“混合型”科层组织。

（1）它兼具两个组织类别：①巡警大队在机构属性上属于行政单位，是正式组织；②巡防大队属于“群众性组织”，是半正式组织。

（2）两者的结合呈现出双层结构特征：①采用一套领导班子（包括大队长、教导员及副大队长），3 名班子成员均来自巡警大队，这意味着巡警大队在事实上领导着巡防大队；②两者在职能、人员、经费等方面合二为一，在实际工作中巡警大队和巡防大队又是相互配合的关系。如表 6-2 所示，在街面警务

① 田凯:《组织外形化：非协调约束下的组织运作——一个研究中国慈善组织与政府关系的理论框架》,《社会学研究》2004 年第 4 期。

活动中，永新县巡防大队的主要职能如治安巡逻、接处警和防处突，都依赖于巡警与巡防队员的相互配合，形成了相对稳定的工作模式。

表 6–2　街面警务活动分工

警务活动	工作任务	巡警工作	巡防队员辅助工作
群众救助	民间纠纷等非紧急求助	调解、记录	“跑腿”、找社区干部
	无援群众救助	决定救助办法	“跑腿”、实施救助
群体性事件	维持集体上访秩序	现场指挥，决定处置措施	警戒、维持秩序
	处置医闹、堵街等突发事件	现场指挥，决定处置措施	警戒、维持秩序
治安案件	抓捕犯罪分子	现场指挥、实施抓捕	卡点围堵
	处置寻衅滋事、打架斗殴等案件	现场处置，采取强制措施	外围警戒、隔离群众
政府中心工作	重大活动保障	带班、现场指挥	外围警戒、疏导交通

注：根据永新县巡防大队编制的《巡防工作动态简报》(2012—2013) 中的相关案情整理而成，并在补充调查阶段跟巡防大队教导员做了核实。

在实际运作中，巡警实施正式权威，掌握现场控制权；巡防队员服从巡警命令，开展辅助工作。这一工作模式的形成，得益于两个组织机制。

（1）民警带班制。永新县巡防大队共设 2 个中队，每个中队又分 2 个班（早班、晚班），实行 24 小时轮班制。每天由 1 个巡防中队在街面巡逻，分别由 2 个轮值民警司职带班。在接处警工作中，巡防队员承担了办案民警“辅助警力”的角色；在日常巡逻中，民警反而退居二线，只对巡防队员进行管理、考核，他们之间是“管理警察”与“街面警察”的关系。[①]可见，在民警带班制下，民警与巡防队员事实上具有上下级关系，带班民警对巡防队员拥有管理权；同时，他们又是相对平等的分工合作的关系，街面警务活动的开展依赖巡警和巡防队员的职能分工。

（2）内勤 / 外勤角色分工。永新县巡防大队在实际运作过程中，将处于不同等级、部门的工作人员统一部署在内勤和外勤这两个岗位上。组织任务的完成依赖内勤和外勤的相互配合，内勤负责下达任务，调配行政资源以及工作督查；外勤负责执行任务。其中，大队领导基本上属于内勤，主要职责是规划巡防业务，如制订巡防路线、催缴群防群治费、制订工作制度，只有在遇到重大警情时才须到达现场；“带班”民警兼有内勤和

① ［英］罗伯特·雷纳：《警察与政治》，易继苍、朱俊瑞译，知识产权出版社 2008 年版，第 111 页。

外勤角色，没有警情时只负责调配、督查巡防队员的巡逻工作，出现警情时则须现场处置；而巡防队员则担任外勤角色，负责日常街面巡逻，协助民警控制现场。

可见，通过“一套人马、两块牌子”的组织机制，永新县巡防大队不仅实现了两种类型组织的融合，还实现了科层组织正式结构与实际运作方式的“分离”。

如图 6-2 所示，永新县巡防大队的正式结构是按传统静态警务模式设置的科层组织。在传统警务中，巡警是警察职能专业化的产物，其警务活动倾向于排除外界干扰、议程内定。典型如 110 接处警工作，其工作流程高度程序化，并且越来越技术化。但是，永新县巡防大队的实际工作模式却具有鲜明的社区警务特征。

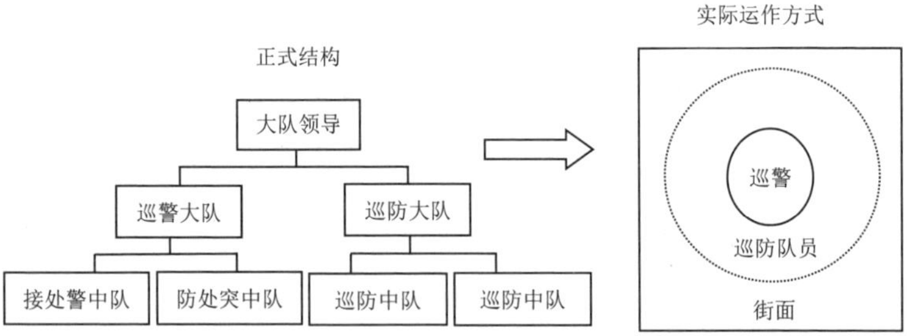

图 6-2　永新县巡防大队组织结构的转化

（1）非官僚式。巡防大队的实际运作通常会考虑具体情境，对规章制度的解释较为灵活。

（2）分权式。为了适应实战需要，民警与大队领导事实上具有分权性质。在街面环境下，带班民警具有实际决策权。比如，巡防大队奖惩考核审批表由巡防中队班长填写，值班民警签字，最后领导批示。其中，值班民警负责奖惩事实的裁定，大队领导只是根据民警意见决定奖惩措施。故而，对巡防队员的奖惩措施事实上由带班民警决定。

（3）扁平层级结构。在原有的层级制之外建立新的行动结构，巡逻小组更趋扁平化，且带班民警与巡逻队员之间很容易发展出非正式关系。

（4）普遍化。巡警和巡防队员几乎都是全能警员，实质上是限制专业化的。

（5）开放式组织模式。巡防工作流程随着环境、目标、任务的变化而不断调整。巡防大队从成立到我们调研期间，巡防路线都差不多，但工作流程经历了三次大调整：① 2007—2008年，在首任队长的主持下，确立了早晚两班倒、人巡为主的工作模式；② 2012—2014 年，在第二任队长的主持下，实行早晚两班倒，确立了人巡 + 车巡 + 岗亭值守的工作模式；③ 2014年 11 月以后，在第三任队长的主持下，将早晚两班倒调整为

24 小时轮班。

可见，“一套人马、两块牌子”的科层组织是一个具有选择性的组织结构。简单来说，它一方面符合了科层制内核的要求，另一方面又适应了街头行政的需要。从制度根源上看，永新县巡防大队的正式结构遵循了公安部关于民警带班制的相关规定，同时根据公安部 1993 年 5 月发出的《关于加强治安联防队伍建设的通知》，模仿了已有的专职治安巡防队的组织架构。而专职治安巡防队具有典型的科层制特征，它主要承担专业辅警职能，接受公安机关的“一元化”领导；巡防队员也是经过专业训练的、职务活动相对明确的专职人员。[①]从街头行政的需要看，永新县巡防大队的实际运作方式，具有高度的环境亲和力。巡警和巡防队员组成的实战性的巡逻小组，使得街面警务活动可根据街头环境及组织任务的变化随时调配警力。

“混合型”科层组织结构的选择性主要表现在，它并不局限于运用科层制的优越性以及正式人员的专业性，还可以选择发挥“一套人马、两块牌子”实际运作方式的灵活性及临时工的全能性。就永新县巡防大队的实证经验看，“混合型”科层组织结构选择性的前提在于有效吸纳临时工，主要表现为有效规制

---

① 吕德文:《找回群众：重塑基层治理》，生活·读书·新知三联书店 2015 年版，第 5 章。

临时工滥权行为。民警带班制及内勤/外勤角色分工的制度设置，一开始就有防止巡防队员越权执法的组织意图。就此而言，“一套人马、两块牌子”隐含着临时工的吸纳机制，这一机制由3个方面构成。

（1）双层结构中内含规制临时工的专门设置。其中，永新县巡防大队的副大队长专门司职队伍管理，随时都在评估临时工带来的组织风险，并着力调动巡防队员的工作积极性；而民警带班制则赋予了巡警规制巡防队员的实质权力。街面警务活动有赖于巡警和巡防队员的相互配合，两者的关系甚为复杂，他们事实上具有上下级关系，又是平等的合作关系，“谁也离不开谁”。巡警基于低待遇与高要求之间不相匹配的认知，一般会给巡防队员轻微违纪（如迟到、早退、开小差）的自由。巡防大队领导在访谈中直言大部分巡防队员在“混日子”，但也承认因待遇低，这一现象情有可原。这一认知在永新县巡防大队甚为普遍，我们访谈的多个巡警也承认他们必须通过给予巡防队员“自由”，以换取他们在关键时刻积极配合工作。但是，他们对巡防队员有严格的底线要求（如决不允许越权执法、无故旷工），现场执法须绝对服从命令。

（2）科层制内核包含了规制临时工的内容。永新县巡防大队遵循了科层制内核要求，建立了完善的工作制度，涵盖内务、考勤、行为规范、工作职责、作风纪律、装备管理等巡防工作的方方面面。这些制度给予巡防工作清晰的指示说明，使具有临时工身份的巡防队员也有规矩可循。

（3）庇护关系是一种非正式的规制行为。如上所述，巡警和巡防队员在街头行政中建立了庇护关系，巡警通过赋予巡防队员轻微违纪的自由来获取其关键时刻积极履职。在实践中，庇护关系也是一种责任连带关系。一方面，巡警需确保巡防队员不滥权，否则将承担连带责任；另一方面，巡防队员如欲获得巡警的庇护，也需绝对服从巡警命令，确保不越权执法，且在特殊时刻敢于采用不成文规则处置街头事务。

“一套人马、两块牌子”是我国政府机构中甚为常见的增强组织结构的可选择性途径。这一途径之所以有效，是因为它同时是政府机构吸纳临时工的组织机制。概言之，正式人员与临时工并存共生，是行政与市场机制相结合的产物，且每个结合点的控制权分配都有所差别。

永新县巡防大队与巡防队员签订聘用合同后，即受巡警大队的规制，按科层制行政原则管理使用。但在实际运作过程中，巡防大队在大队领导、带班民警及巡防队员间建立了多重委托代理关系，大队领导拥有目标设定及检查验收权，而巡警则事实上拥有激励分配权。

在街面警务活动中，巡防队员拥有信息优势，且其临时工身份为巡警在特定情境中启用不成文规则提供了便利，故二者并不严格遵循行政逻辑，而是建立了非正式的庇护关系，在“庇护—回报”间默契互动。

从行政调适性角度来看，拥有“一套人马、两块牌子”的政府机构，通过建立富有弹性的双层结构及具有环境亲和力的运作方式，既防止了临时工滥权，在一定程度上排除了组织内部控制风险，又可以为政府行为回应环境变化提供诸多策略选择，增强其环境适应性。

分类处置策略

在行政调适性的框架内，临时性治理方法既包括富有弹性的人事制度，又包括富有实验性的公共政策。换言之，临时性治理方法意味着政府机构并不墨守成规，而是根据行政环境调配合适的劳动力，采取合适的策略选择。对于“混合型”科层组织而言，仅防止临时工滥权并不够，更重要的是在复杂的环境中完成各种组织任务。

永新县巡防大队是当地公安机关的“窗口”，它是公安局110一级接处警单位，且日常工作司职治安巡逻，长期面临复杂的、无法标准化与程序化的街头工作环境。这使得巡警和巡防队员具有鲜明的街头官僚特征：他们充分运用自由裁量权，发展出一套适合自身工作情境的策略行动，事实上具有政策制定能力。

为此，永新县巡防大队形成了相对稳定的街头事务分类处置机制（见表6–3），这个机制包括两个方面。

表6–3 街头事务分类处置机制

问题可处置性	组织应对机制	处置原则	处置主体
简单易处置	常规简易程序	科层制原则	巡警
	正式增选机制	半正式行政	巡防队员
复杂难以处置	常规一般程序	科层制原则	巡警
	非正式增选机制	半正式行政	巡防队员

第一，确定问题的可处置性。警察任务可以分为两类，一类是简单易处置的问题，一类是复杂且不好处置的问题。从永新县巡防大队的工作经验看，问题的可处置性取决于几个关键要素：①是否属于警察任务；②是不是新出现的事务；③是不

是重复发生的事务；④是不是细小琐碎的事务；⑤是不是紧急的事务。多数简单易处置的问题属于重复发生的老问题，它们往往被纳入了派出所或专业大队的职能范围内，巡防大队简单接处警后即可移交专业部门处置。复杂且不好处置的问题基本上都属于不常见的新发生事务，具体包括两类：一类是突发重大事件，公安局内部一般会根据预案联合各部门特别处置；另一类则是“剩余事务”[①]，即那些细小琐碎的由公安局相关部门职能“剩余”下来的紧急事务，它们往往由巡防大队自行处置。

从永新县巡防大队的经验看，“剩余事务”是其街头行政的主要内容，且是考验其行政调适性的重点所在。如“武疯子”问题（流浪精神病人肇事案），是典型的复杂且难以处理的“剩余事务”。其复杂性在于，这个事务说大不大、说小不小，问题性质易于转化，而且它其实包含两个案情：①流浪人员的寻衅滋事案；②流浪人员的救助工作。前者属于公安机关的核心业务，后者则是协助民政部门工作，在实践中两者的界限不清。公安机关如要彻底处置好“武疯子”问题，则必定需越界承担救助工作，但消极处置似乎也无不可。因此，巡防大队对此类问题的自由裁量空间很大，但也意味着其行政风险较高。

① 吕德文：《兜底部门的运作逻辑》，《南京社会科学》2018年第4期。

第二，确定组织应对的机制。组织应对机制也有两类，一类是常规处置，还有一类是增选机制。首先是常规处置，它指的是按专业警务活动流程进行处置，由巡警主导，具体包括一般程序和简易程序。一般程序严格按照“接案—立案—结案”流程展开，对职务活动要求高，且需要辅以大量的内勤工作以保证程序合法性。简易程序则由巡警现场处置即可，无须将警务活动过程记录在案。其次是增选机制。它是指“为了避免组织的稳定性和生存受到威胁，而在组织的领导和政策制定结构中，吸纳新生因素的程序”。[①] 在永新县巡防大队，增选机制主要是指在“剩余事务”的处置过程中，由巡防队员主导，根据任务环境变化而采取的临时性措施，具体而言，它又包括正式增选机制和非正式增选机制。前者指的是那些被公开吸纳的临时性措施；后者则可视为不成文的规则——出于制度压力而无法公开言明但又事实上广泛存在的半正式行政方式。

简单易处置的问题往往会采取常规的简易程序或正式增选机制进行处置。这类问题一般是重复出现的老问题，但又是细小琐碎之事。只不过，类似小事在人们的日常生活中甚为常见，如不及时处理会导致更大的组织风险；而如果按一般程序处

① ［美］菲利浦·塞尔兹尼克：《田纳西河流域管理局与草根组织：一个正式组织的社会学研究》，李学译，重庆大学出版社 2014 年版，第 7 页。

置，又会造成警力内耗。故而，由巡警简单处置或由巡防队员正式处置，反而是最为合适的。以纠纷调解为例，通过 110 报警服务平台接警的纠纷，如不涉及重大伤害或财务纠纷，巡警一般采取简易程序即可；而巡防队员在处置街头偶遇纠纷时，在巡警到达现场之前以群众身份制止、劝解，已被永新县巡防大队写入规章制度，成了正式增选机制。

复杂难以处置的问题则会采取常规一般程序和非正式增选机制进行处置。此类问题很可能是并不常见的新问题，也可能是一般意义上的重大事件。如采用一般程序，则意味着专业化原则将贯彻其中，防止因事件处置不当而影响组织稳定。比如，上文提到的“武疯子”问题，永新县巡防大队一般只会在最低限度上满足公安机关接处警规程要求：①制止肇事行为；②说服受害者不予追究肇事者责任（这样就可以不予立案）；③通知民政部门开展流浪人员救助工作。这种做法符合寻衅滋事案的处置流程，但并未积极履行协助民政部门开展救助工作的职责。因一般程序符合科层制原则，巡防大队可以轻易规避行政风险；民政部门意见再大，认为“公安局图省事，不调查就直接打电话给民政局”，但也很难“上告”追究公安机关的责任。况且，对于复杂难以处置的问题，一般程序反而是经济便宜的处置方法。一旦对“武疯子”采取查证身份、精神鉴定、强制医疗等措施，就需耗费大量警力，永新县巡防大队并无足够的警力耗费其中。

在一般程序无法启动的情况下，非正式增选机制就会是潜在选项。在永新县巡防大队，“打不还手、骂不还口”是一项常见的制度化了的非正式增选机制，虽未写入规章制度中，但在对巡防队员培训时，“打不还手、骂不还口”这一不成文的规则被不断强调。它是巡警现场控制权、巡防力量调配机制以及巡防队员职业准则等技术规范的组合。如案例2所示，巡防队员在“偶遇”街头冲突时，面临手段有限、力量不足、专业技能不强、准备不够等综合挑战，只能采取劝阻、隔离等消极措施。一旦受到攻击，“打不还手、骂不还口”就是一个普遍选择。

案例2：2012年3月21日凌晨2时，一刑满释放人员因醉酒与的士司机发生纠纷，遂纠集七八个人当街殴打对方。巡防队员发现后，立即采取劝阻、隔离等措施，并打电话请求值班民警支援。处置过程中，肇事者说巡防队员没有执法权，威胁“再管就给你们好看”，还推搡踢打巡防队员。巡防队员“打不还手、骂不还口”，直到民警赶到现场控制事态（根据永新县巡防大队《巡防工作动态简报》2012年第6期整理）。

根据街头事务分类处置机制，永新县巡防大队大体上可以根据街头环境及警察任务的变化，选择合适的行政策略。从自下而上的视角看，并不存在一个“完美行政”，基层政策执行者的技巧、态度与意向对政策成败至关重要。归根结底，街头是一个充满挑战、极具冲突性的组织环境，街头行政事实上处于“不可退出的谈判”情境中。因此，街头事务处置的第一原则并非“完美行政”，而是“不出事”和“风险规避”。而“风险规避”之所以能够实现，很大程度上依赖于临时工。从警务活动的规律来看，专业执法活动建立在大量的非专业警务活动基础上。在永新县巡防大队，巡防队员承担了识别、处置大量非警务活动，尤其是“剩余事务”的职责，为巡警开展专业执法活动提供了方便。他们在常规处置流程中承担了辅警职能（见图 6-2），在增选机制中已然是街头事务处置的主体。

基于行政调试性的视角，永新县巡防大队街头事务分类处置的策略选择，是对复杂的、无法标准化与程序化的街头工作环境的回应性措施，它主要依托临时工展开。

（1）临时工是一个兼职组织监视的“搜寻部门”。在决策理论中，问题搜寻被定义为一个由问题激发并且致力于发现解决方案的调查活动。一般而言，战略、规划、研发等组织内核部门才具备问题搜寻能力。但如上分析，巡防队员因其临时工身份，且长期司职巡逻的原因，反而是街头事务认知、分类甚至于定性的承担者。在永新县巡防大队，巡防队员来源广泛，且大都具有兼职行为，日常工作界面也在街头，这使得他们对街头环境的变化异常敏感，更容易获得鲜活的信息，可以情境化地解释环境风险，并对问题的可处置性作出准确判断，这对巡防业务规划至关重要。

（2）临时工是“混合型”科层组织“风险规避”的主要实施者。从街头行政的调适性看，半正式行政拓展了街头官僚的自由裁量空间，街头事务分类处置的变异、选择和协调过程显得更为顺畅。尤其是在增选机制中，临时工为街头风险的控制提供了另一种可能。如“打不还手、骂不还口”之类的非正式增选机制，乃至于临时工成为执法冲突的替罪羊，都是政府机构“风险规避”的极端表现。

（3）临时工还可能是改善街头行政环境的创新因素。一旦某种“即时创新”行为获得成功，就会激励类似组织在类似情境下采取相同措施，久而久之就成为一种惯例。比如，“打不还手、骂不还口”这条不成文的规则，已经很难说清楚它源自何时何地，全国各地的公安、城管等街头行政部门，都广为采用。但就永新县巡防大队的经验而言，它一开始只是和民警带班制等措施一样，是防止临时工越权执法的消极措施。只不过，在反复使用后，永新县巡防大队发现它是有效控制现场的创新措施，既可防止临时工滥权实现“风险规避”，又可进一步改善街头行政环境防止冲突升级，遂将之作为非正式增选机制。

街头事务分类处置的策略选择，既包括被动反映复杂环境的“风险规避”措施，又包括主动改善环境复杂性的革新措施；既包括常规性的科层制行政，又包括临时性治理方法。永新县巡防大队运用这些策略选择，较为有效地应对了街头环境复杂性及街头事务多样性带来的挑战，使之具有一定的行政调适能力。在警务实践中，临时工在问题可处理性的识别、街头事务的分类处置等方面，承担着重要角色。尤其是在“剩余事务”的处置过程中，临时工主导的半正式行政与科层制行政主导的常规程序一道，为公安机关提供了更多的策略选择。其结果是，诸多非警务活动所制造的“不可退出的谈判”情境及警力不足带来的技术环境风险，被巡防大队一一排除。公安机关因此可以更专注于专业警务活动的处置，政府机构回应街头环境挑战的能力也得以增强。

组织合法性建构

行政调适性的讨论主要着眼于政府机构应对技术环境挑战的问题，较少涉及对制度环境挑战的应对问题。然而，组织不仅受技术环境影响，还受制度环境影响。其中，制度环境的复杂性会对组织结构产生影响，那些具有不同权威、资金来源的组织，会形成更加复杂的内部结构及运行程序。[①] 在行政调适性的意义上，“一套人马、两块牌子”的混合结构及实际运作方式，不仅是对复杂技术环境的调适，而且还是对复杂制度环境的回应。就永新县巡防大队的经验而言，县综治办虽未参与组织管理，且巡防大队事实上是公安局的辅警队伍，但“两块牌子”并非可有可无。具体而言，巡防大队的边界扩展行为，援引了多重合法性资源，并因此在地方治理体系中获得了稳定的组织地位。

边界扩展部门是处理组织与相关环境中的各个环节之间关系的专门部门，其工作人员享有特权，他们既代表组织与组织的部分环境打交道，又代表组织的部分环境与组织一起制订某

① ［美］W. 理查德·斯科特：《制度与组织：思想观念与物质利益（第 3 版）》，姚伟、王黎芳译，中国人民大学出版社 2010 年版，第 167—169 页。

些规则。[1]永新县巡防大队作为公安机关的边界扩展部门，更有可能超越公安机关的专业限制，承担一些非专业警务职能，成为警务系统链接县域治理体系的中介。

2012—2013年的业务记录显示（见表6-4），永新县巡防大队主要通过两类边界扩展行为来获得组织地位。一是将群众救助纳入常规工作，从而在公安局内部获得了专门处置非专业警务活动的职权。在传统警务模式中，公安局主要通过基层派出所来承担必要的非专业警务活动，且这类活动基本上是通过群众求援、公安机关被动救助来实现的。在永新县，老人、小孩儿走失，醉酒者倒地不起，“武疯子”肇事行为，急病患者紧急求助等情况甚为常见。

表6-4　永新县巡防大队主要业务统计

单位：件

年度（年）	民生服务					社会面管控	
	老幼	醉酒	“武疯子”	危难疾病	好人好事	处置纠纷	维稳安保
2012	35	10	6	23	6	88	28
2013	121	27	20	41	27	213	42
合计	156	37	26	64	33	301	70

注：依据永新县巡防大队《巡防工作动态简报》（2012—2013）相关记录整理。

① 李友梅：《组织社会学与决策分析》，上海大学出版社2009年版，第144—149页。

永新县巡防大队成立后，将群众救助纳入工作职责，主动救助群众成为其主要业务。《内务管理考评实施细则》规定，巡防队员“好人好事得到良好社会反应”予以加分（送锦旗60分，感谢信30分）。从2012年开始，永新县巡防大队还将“护校安园”纳入常规工作，巡防队员每天晚上都会开警车护送上完晚自习的中学生回家。

二是通过社会面管控，参与纠纷处置、维稳安保工作，在县域治理体系中获得了难以替代的地位。调查期间，永新县在交通事故、医疗纠纷等领域出现了“逢死必闹”的现象，征地拆迁冲突等因素导致的群体性事件也急剧增加，维稳形势不容乐观。永新县巡防大队的成立可谓正当其时，很自然地成为县域维稳体系的重要力量。比如，每周一是集体上访的重要时间节点，巡防大队派大量警力在信访局开展维稳安保工作也成了常规。根据永新县《巡防工作动态简报》（2012—2013）的相关记录统计，为处置医闹、堵路、封堵政府机关等群体性事件，巡防大队2012—2013年共出警30次，每次出警少则10多人，多则四五十人。

永新县巡防大队的边界扩展行为，延续了两个制度传统。第一，它延续了群防群治专业化传统。永新县巡防大队的法人单位是县综治办，仍然沿用了群防群治的话语。这不仅方便了永新县巡防大队以群防群治费的名义筹措资金，获取行政资源，而且更重要的是，群防群治为其边界扩展行为提供了合法性论证。如案例 2 所示，巡防队员采取劝阻、阻隔等措施制止街头冲突，虽受到当事人质疑，但巡防大队自上而下并不认为这种做法有何不可。如一位巡防中队长所言："碰到问题我们有义务制止劝解，就好比是热心群众，并不算越权执法。"而永新县巡防大队开展大量的群众救助活动，更是在积极主动援引群防群治传统。

与群防群治话语密切相关的是综合治理实践。永新县巡防大队是在"加强社会治安综合治理"的名义下建立并积极开展边界扩展行为的。在综合治理的视阈下，永新县巡防大队有充分的理由参与地方政府中心工作。一些重要的县域治理任务，如维稳处突、重大活动安全保障、街面整治，都需要耗费较多的人力、物力，且工作性质都介于专业警务与非警务活动之间。由于"巡防大队是'万金油'，用起来方便，人多又好调动"，作为地方政府的"嫡系部队"，有足够的编外人员，再加上其在服务民生方面的突出表现，永新县巡防大队直接嵌入县域综合治理、维稳工作体系中，成为最重要的行政辅助力量。

第二，它延续和深化了警务改革传统。20 世纪 90 年代以来，第四次警务改革理念和实践在我国公安系统获得了广泛共识。它既与群众路线话语相结合，与“人民公安为人民”的政法传统密切相关，也与主动提前警务有利于提高警务效率的新警务观密切相关。永新县巡防大队承担了大量非专业警务活动，这一边界扩展行为可谓第四次警务改革逻辑的生动体现，不仅减轻了公安局、派出所和其他专业大队的压力，还拓展了警务活动的内涵。

从主动提前警务看，巡防大队积极主动处置了一些“服务民生”“社会面管控”类的非专业警务活动，对专业警务活动的开展具有积极作用。比如，多数涉校案件的案情不重、涉案者多是未成年人，专业警务活动难以有效制裁。“护校安园”举措可以说是巡防大队延续群防群治话语、服务群众的具体表现，而且也的确降低了涉校案件的发案率。再如，“武疯子”既是无援状态群众，又是潜在肇事者。巡防大队救助“武疯子”，在服务群众的同时有效预防了潜在案件的发生。如果说在警务改革之初，非专业警务活动的大量增加导致了永新县公安机关的组织危机的话，那么，永新县巡防大队建立后，则通过有效处置非专业警务活动而在一定程度上化解了组织危机。基于这一考虑，永新县公安局竭尽全力维护巡防大队的稳定运转。永新县巡防大队面临资金困难时，公安局不惜赋予其办案权，足额配备警力。

在相关议题设置中，临时工对政府机构合法性的侵蚀屡被提及。就永新县巡防大队的实证经验而言，政府机构面临的技术风险与合法性危机密不可分、相互转化。永新县巡防大队的边界扩展行为，看似与专业警务活动有一定差距。但它恰恰适应了复杂制度环境，在维护公安机关科层制内核的同时，还援引了群防群治、改革话语等其他制度资源。在改革已经成为社会惯性的情景下，永新县巡防大队作为群防群治专业化与警务改革实践相结合的产物，反而在科层组织内部获得了高度合法性。可见，永新县巡防大队在科层组织体系内能获得稳定地位，不仅是因为它在一定程度上回应了街头环境复杂性及街头事务多样性的挑战，而且还因为它在回应警务改革和社会治理转型带来的制度风险上，具有难以替代的作用。

行政调适性包括价值观的获取，而且政治支持是弹性化政府运作的重要条件。而所谓价值观获取及政治支持，都属于制度化的一部分。概言之，临时工与正式人员并存共生所塑造的“一套人马、两块牌子”的组织形态，反映了复杂的制度环境，符合特定的“制度仪式”。一方面，“一套人马”保持了“纯粹”科层制这一制度仪式，是科层组织体系的有机构成部分。从永新县巡防大队的经验看，无论是警务革命还是群防群治专业化，都体现了科层制行政的逻辑，如人员专职化、职责固定化、程序规范化等。另一方面，“两块牌子”又满足了复杂制度化环境的实际需要。在永新县巡防大队成立发展过程中起到关键作用的群众安全感测评、群防群治、综合治理等，客观上回应了政府机构为人民服务的宗旨，而且临时工现象在中国科层组织中历久弥坚，且与中国的国家性质一脉相承，具有深厚的合法性基础。换言之，临时工广泛存在，并不仅仅是政府机构“风险规避”的权宜之计，还是中国科层组织“制度仪式”的产物。

小结

尽管临时工加重了机构臃肿、人浮于事等官僚病，在极端情况下，还因其滥用职权危及政府公信力，但是，永新县巡防大队的实证研究表明，“一套人马、两块牌子”的“混合型”科层组织结构及其实际运作方式，在一定程度上避免了临时工滥权现象，并使得政府机构在回应复杂技术和制度环境风险中具备了某种调适能力。“混合型”科层组织的行政调适性与编制硬约束、财政软约束等制度性因素一道，塑造了临时工这个制度化了的行政现象。

自20世纪80年代以来，弹性化政府成为西方政府改革的方向之一，其主要做法是通过建立可选择性的组织内部结构、弹性化的人事管理制度及临时性治理方法等措施，增强政府机构的调适性。这一改革方向在近年来的中国行政体制改革中也有所体现。某种程度上，诸如“一套人马、两块牌子”这样的具有选择性特征的组织内部结构，以及临时工所代表的弹性化人事管理制度及临时性治理方法，并非科层组织异类，而是符合了人们对“政府未来的治理模式”的预期。永新县巡防大队的组织分析说明，临时工关联了政府间上下级关系的弹性化结构以及政府机构因环境变化而采取的策略选择，可谓中国科层组织行政调适性的组织基础之一。

具体而言，“混合型”科层组织的行政调适性主要包括三个组织机制。首先，在科层制内核与组织环境之间建立缓冲区和保护带。通过建立“一套人马、两块牌子”的“混合型”科层组织结构，让政府机构的组织内部结构具有选择性。政府机构在应对改革风险及外部环境复杂性的过程中，可以在正式结构及实际运作方式之间转换，从而保证政府职能的正常履行。

其次，建立了一套有效的“混合型”科层组织行为的策略选择机制。在科层制行政主导之外，临时工承担的半正式行政为处理复杂且难以处置的街头事务提供了增选机制，为政府机构实现“风险规避”及改善街头行政环境提供了策略选择。

最后，通过合法性建构，在地方治理体系中获得稳定的组织地位。概言之，“混合型”科层组织为政府机构援引了多重制度资源，使之符合某种“制度仪式”，增强了对复杂制度环境的适应能力。据此，临时工现象之所以长期、稳定存在，既非政府有意推诿的结果，亦非单纯的编制硬约束和财政软约束相结合的政策产物，而是政府机构行政调适性的制度化结果。那些组织机制健全的“混合型”科层组织，不仅有能力克服临时工可能带来的组织风险，而且还可以发挥临时工的环境亲和力，更为有效地应对环境复杂性带来的挑战。

在现实中，尽管质疑从未消失，但临时工现象却随着社会批判及政府改革而越来越普遍。除了政府职能扩张、编制硬约束、财政软约束等现实原因，政府机构在规范管理使用临时工过程中形成了较为有效的组织机制，恐怕是一个不可忽视的因素。当然，“一套人马、两块牌子”的“混合型”科层组织，是否具有普遍解释性，却需要审慎对待。

大体而言，政府机构中的临时工主要以两种形式存在：一是零散地分布在非核心部门中，主要从事后勤等辅助行政工作；

二是成建制地存在于街头行政部门中，主要从事行政执法辅助工作。“一套人马、两块牌子”的组织机制，可能适用于大量使用临时工的街头行政部门，却未必适合零散使用临时工的政府部门，而且不同政府机构因专业化程度不同、部门地位有差异、行政资源分配不均等原因，“一套人马、两块牌子”的组织机制对临时工的吸纳效果也会有所差异。比如，城管部门也采取了“一套人马、两块牌子”的组织机制来管理使用协管员，但与公安机关相比，城管执法冲突却在近些年持续不断，主导了中国城市兴起的暴力大事件。[①]

此外，从行政调适性的视角看，环境复杂性所带来的挑战不同，也会影响临时工现象的严重程度。从永新县巡防大队的运作经验看，临时工给政府机构造成的潜在风险并未消失，如巡防队员“轻微违纪”现象甚为普遍。巡防队员越权执法、粗暴执法的滥权现象之所以较少发生，除了“一套人马、两块牌子”的组织机制提高了行政调适能力外，还可能是因为相较于大城市，县城街头的环境复杂性带来的挑战本来就比较低。

对“混合型”科层组织运作机制的讨论，对于理解中国科层组织的行政调适性也具有一定的启发意义。近些年来，有关

---

① 吕德文：《灰色治理与城市暴力再生产——鲁磨路“城管”实践的机制分析》，《开放时代》2015年第4期。

中国体制（政治系统）何以保持持续、稳定能力的讨论甚多。除了聚焦于如党和国家的体制这样的宏观因素，越来越多的研究试图从政府内部运作机制中寻找调适性因素。但是，这些讨论基本上局限于组织内部结构机制的视阈范围内，环境复杂性仅仅被视作一个背景因素，而且中国体制的调适性往往被视作一些既存的、“精妙”的正式制度设置所致。

事实上，对于任何政府机构而言，环境复杂性是可被识别的，并会直接影响其组织行为。政府机构的行政调适性并不仅仅源自正式制度这些“存量”，还取决于有效吸纳诸如临时工这样的非正式制度。换言之，关于政府间上下级关系的弹性，以及政府行为的灵活性，临时工在其中其实是一个潜在的关键变量。政府机构的行政调适性并非由弹性化的组织内部结构单方面决定，还取决于政府机构面对不同的行政环境（包括技术与制度环境）、不同的组织任务时，是否有足够的策略选择。这些策略选择，并不仅仅是对既存制度的运用，还包括对一些成文或不成文规则的制度创新。

7 “枫桥经验”：基于群众工作方法的检视

1963 年，浙江枫桥干部群众在改造“四类分子”的实践中，创造了“在党的领导下，发动和依靠群众，坚持矛盾不上交，就地解决，实现捕人少、治安好”的“枫桥经验”，并成为全国政法综治战线的一面旗帜。2013 年在纪念毛泽东同志批示“枫桥经验”50 周年大会前夕，习近平同志作出重要指示，强调把“枫桥经验”坚持好、发展好，把党的群众路线坚持好、贯彻好。“为了群众，依靠群众”是“枫桥经验”的核心要义，也是这么多年来“枫桥经验”历久弥新的关键所在。

因此，从群众工作方法角度检视“枫桥经验”的理论与实践内涵，具有重要意义。本章基于笔者在浙江省诸暨枫桥镇的田野调查，对“枫桥经验”的历史嬗变及当代实践进行阐释，并尝试探讨新时代政法思想的主要特征。

“枫桥经验”的诞生过程

中国共产党在长期的革命和建设过程中，总结出了具有中国特色的国家治理新传统——群众工作方法。其主要内涵是，“凡属正确的领导，必须是从群众中来，到群众中去……如此无限循环，一次比一次地更正确、更生动、更丰富”。[①]“枫桥经验”是政法工作走群众路线的产物，经过了“从群众中来—到群众中去—再从群众中来—再到群众中去”的循环过程（见表7-1）。随着循环的增加，“四类分子”的改造工作越来越正确、生动和丰富。

表 7-1 “枫桥经验”的诞生过程

工作阶段	工作方法	工作内容
从群众中来	一般号召	① 1963 年 2 月，中共中央在北京举行工作会议，决定在农村开展社会主义教育运动 ② 1963 年 5 月，中共中央印发《关于目前农村工作中若干问题的决定（草案）》（简称《前十条》） ③ 1963 年 8 月 16 日，在各地试点经验基础上，公安部形成《关于社会主义教育运动中对敌斗争的几个问题的报告》，提到“要依靠和发动群众，通过说理斗争去制服敌人”。这个报告得到了毛泽东的充分认可，并作为中共中央文件下发
到群众中去	个别试点	④ 1963 年 6 ~ 9 月，浙江省委会同诸暨县委在枫桥进行试点。7 个公社有 67 名“四类分子”被列为重点对象，斗争会上干部、群众坚持摆事实、讲道理，不打不骂，并且允许斗争对象申辩，没有捕一个人，就把“四类分子”制服了

① 《毛泽东选集》第 3 卷，人民出版社 1991 年版，第 899 页。

续表

工作阶段	工作方法	工作内容
再从群众中来	一般和个别相结合	⑤ 1963 年 10 月，公安部主要领导到浙江指导工作，发现“枫桥经验”，并向毛泽东作了汇报。毛泽东听后，高兴地说“这就叫矛盾不上交，就地解决”，并指示要好好总结枫桥经验 ⑥ 1963 年 10 ~ 11 月上旬，公安部派人到枫桥协助“枫桥经验”总结。最后，经过公安部和浙江省委领导讨论，形成了《诸暨县枫桥区社会主义教育运动中开展对敌斗争的经验》一文，即著名的“枫桥经验”
再到群众中去	树典型	⑦ 1963 年 11 月 20 日，在公安部向第三届全国人民代表大会第四次会议拟作的《依靠广大群众，加强人民民主专政，把反动势力中的绝大多数改造成为新人》的发言稿上，毛泽东批示“枫桥经验要各地仿效，经过试点，推广去做” ⑧ 1963 年 11 月 22 日，毛泽东与时任公安部副部长汪东兴探讨，提到公安工作，毛主席说：“……从诸暨的经验看，群众起来之后，做得并不比你们差，并不比你们弱，你们不要忘记动员群众。” ⑨ 1963 年 12 月 5 日，中共浙江省委向全省各地（市）转发《诸暨县枫桥区社会主义教育运动中开展对敌斗争的经验》，并加了批语，要求各地仿照这种做法，不断总结自己的经验，教育干部，发动群众，正确地进行对敌斗争 ⑩ 1964 年 1 月 14 日，中共中央向全党发出《关于依靠群众力量，加强人民民主专政，把绝大多数四类分子改造成新人的指示》，同时转发《诸暨县枫桥区社会主义教育运动中开展对敌斗争的经验》。文件指出：“在依靠群众力量制服反革命分子和其他犯罪分子方面，现在我们已有了很成功的经验。……特别是诸暨县社会主义教育运动试点的经验是一个很好的典型。”

续表

工作阶段	工作方法	工作内容
再到群众中去	推广	⑪ 1964 年 2 月 28 日至 3 月 18 日，公安部召开第十三次全国公安会议，学习、贯彻中央“指示”和“枫桥经验”，讨论通过了《关于农村社会主义教育运动中对敌斗争的一些问题》(即《第十三次全国公安会议纪要》，以下简称《纪要》)。《纪要》充分肯定“枫桥经验”，要求在社会主义教育运动中，坚决贯彻执行，并提出应当做好的六项工作

注：表格为作者自制。涉及史料根据：①吕剑光的《“枫桥经验”的前前后后》(《人民公安》1997 年第 19 期)；②尹曙生的《谢富治与“枫桥经验”》(《炎黄春秋》2014 年第 7 期)；③俞红霞的《“枫桥经验”的形成和发展历程》(《中共党史资料》2006 年第 2 期)等相关文献整理而成。

群众路线是一种逆向政治参与模式，是中国特色的科学决策模式。在群众路线的决策模式里，清晰的决策阶段并不存在；整个决策过程被看作一个周而复始、无限循环的过程，由领导与群众的不断互动组成。[①]就“枫桥经验”的诞生过程而言，它始终与社教运动，尤其是“四类分子”的改造工作的决策过程紧密联系。因此，“枫桥经验”意味着“四类分子”改造工作的政策目标、内容及工具的形成。

政策循环与实际解决问题的逻辑具有高度对应关系。对问题的认识、解决目标、解决方案的选择、使方案产生作用及监

① 王绍光：《毛泽东的逆向政治参与模式——群众路线》，《学习月刊》2009 年第 23 期。

控结果等实际解决问题的阶段，与议程设置、政策制定、政策决策、政策执行和政策评估等政策循环的阶段一一对应。大致而言，“枫桥经验”体现了五种相互区别却密切相连的具体工作方法。这些工作方法，遵循了群众路线的决策模式，并与对“四类分子”改造问题的认识及其政策循环相匹配。

（1）一般号召。没有普遍的、一般的号召，就不可能将群众动员起来，也就无法真正落实政策。从政策过程看，一般号召包括议程设置和政策制定两个环节。1962 年中共中央基于过去一段时间国内主要矛盾的判断，作出在农村开展社教运动的决定。其政策目标是，通过开展大规模的群众运动，打退资本主义和封建势力的猖狂进攻。从决策模式看，一般号召是一种虽由决策者提出，却有较多群众参与的“动员”模式。[①] 因此，在一般号召的过程中，事实上存留了政策调整空间。社教运动的方向虽是明确的，但运动的方式方法则是有弹性的。因此，一般号召并不仅仅有利于提高政策执行效率，还有利于决策的科学性。

（2）个别试点。在群众工作方法中，个别试点是考验一般号召是否正确，进而充实一般号召内容的必要阶段。一般而言，

---

① 王绍光：《中国公共政策议程设置的模式》，《中国社会科学》2006 年第 5 期。

试点包括两个阶段：一是前试点阶段，这是一种前置于上级正式试验的地方预先自主试验；二是试点阶段，表现为上级组织与自发进行的政策试验共同推进。[①]“枫桥经验”一开始是浙江省委和诸暨县委为贯彻中央决策而采取的地方自主试点。从结果上看，枫桥区充分运用了当地既有的政策工具，如“集体承包、专人负责、大家监督”的“四类分子”监督改造体系，亦充分运用了一般性的政策工具，如充分运用毛泽东关于少捕、少杀的讲话精神动员群众统一思想。诸多省份的个别试验，使得政策部门（公安部）可以获得关于具体政策实施的信息，避免一般号召落空。

（3）一般和个别相结合。本质上，一般和个别相结合的过程也是领导与群众相结合的过程。“领导”通常关心决策统一性和普遍性，而“群众”通常关心政策实施的适应性和特殊性。两相结合，是通过政策试验的第二个阶段，即上级组织与自发进行的政策试验共同推进来达成的。枫桥地区改造“四类分子”的经验之所以最终能够成为一般性的指导文件，不仅在于个别试验卓有成效，还在于决策者和政策部门将个别试验上升为政策意图。在公安部主要领导发现“枫桥经验”符合决策意图，

① 刘伟:《政策试点：发生机制与内在逻辑——基于我国公共部门绩效管理政策的案例研究》,《中国行政管理》2015 年第 5 期。

而毛泽东同志将“枫桥经验”的政策内涵概括为“矛盾不上交，就地解决”之后，公安部直接介入“枫桥经验”的总结过程中，实现了一般号召和个别试点的有效结合。在政策实施过程中，一般和个别相结合的结果是确定了解决方案，形成了完整的决策。“枫桥经验”总结出来以后，即确立了各地通过说理斗争的方式改造“四类分子”的方案。

（4）树典型。试点结束后，意味着进入了政策执行阶段。这一阶段，决策者有了明确的政策目标、清晰的政策内容与具体的政策工具。一般而言，决策者可以通过发布行政命令，以命令形式推动政策落实。但群众路线的工作方法是，政策执行并不简单依赖于行政命令，而是通过树典型来推动政策落实。在树典型的过程中，会呈现出“双典型结构”，包括服务于决策的典型和服务于政策执行的典型。[①] 一个合理的典型，既是决策科学化的保障，亦是政策执行的推手。“枫桥经验”作为一个在决策阶段即被“发现”的典型，具有较强的示范意义。因其较为完整地体现了政策内涵，就很自然地成了政策执行过程中的动员载体。通过最高领导人的肯定，以及各类会议和政策文件的强调，“枫桥经验”具有了符号意义，成为正确改造“四

① 李元珍：《典型治理：国家与社会的分离——基于领导联系点的分析》，《南京农业大学学报》（社会科学版）2015 年第 3 期。

类分子”政策的代名词。

（5）推广。树典型的真正目的是让政策再次到群众中去，反复依靠、动员、教育群众，进而有效实施政策。从政策试验的角度看，推广典型意味着“由点到面”的过程，且伴随着政策评估。如果说决策过程中产生的典型是丰富和完善一般号召（政策目标、内容、工具）的结果的话，那么政策执行过程中的典型因经过多次反馈评估，已具有政策含义，进而转化为一般号召。其突出表现是，决策者通过正式文件，将典型转化为决策意图，让其他政策执行者遵照执行。

“枫桥经验”的群众工作内涵

“枫桥经验”的主要内容是：“发动和依靠群众，坚持矛盾不上交，就地解决，实现捕人少，治安好。”从政策过程看，它包括三个方面的内容。

（1）“实现捕人少，治安好”是改造“四类分子”的政策目标。尽管中共中央在决定开展农村社教运动开始，“捕人少，治安好”就是政策目标的选项之一，但并不非常明确。直到包括枫桥在内的各地试点显示实效后，这一政策目标才最终明晰。

（2）“坚持矛盾不上交，就地解决”是改造“四类分子”的主要政策内容。一方面，这意味着基层干部、群众是解决基层社会矛盾的主体；另一方面，这也意味着被治理者应该受到基层社会单元的规制与保护，而不能被简单推向对立面。

（3）“发动和依靠群众”是改造“四类分子”的主要政策工具。与专政工具相反，说服斗争的方式在解决基层社会矛盾过程中更有优势。这是被群众路线反复证明了的，亦是“枫桥经验”的实践所印证了的。

从政策内涵看，“枫桥经验”是群众工作方法的具体运用，生动体现了依靠群众、动员群众和教育群众等工作方法在社会治理中的威力。

依靠群众

1949年5月诸暨县农业合作化后，枫桥人民运用“集体承包、专人负责、大家监督”的“四类分子”监督改造制度，创立了依靠群众监督改造“四类分子”的良好工作基础。[①] 因此，

① 吕剑光:《“枫桥经验”的前前后后》,《人民公安》1997年第19期。

从“枫桥经验”的“前史”看，枫桥干部群众在专门工作中具有“依靠群众”的传统。简言之，专门工作并不由专门机关独立承担，而是充分依靠基层干部、群众和治保会等群众性自治组织开展工作。

社教运动中关于改造“四类分子”的试点工作，同样是在“依靠群众”中进行的，对“四类分子”的处理（包括依法管制、监督劳动、非正式社员、摘帽为社员等4种情况）由群众审议决定。因此，在“四类分子”的监督改造过程中，公安机关只起业务指导作用，实际工作基本上由群众性自治组织承担；“四类分子”的评审由治保会上报，公安系统备案、批转。①

动员群众

组织和动员群众是中国共产党领导革命取得胜利的重要法宝，并在社会主义改造和建设过程中广泛运用。

从群众工作方法角度看，动员群众是将党的正确主张转化为群众的意见，并让群众坚持下去的必须途径。在“枫桥经验”的形成过程中，浙江省委工作队深入群众，通过引导群众敞开思想和展开辩论，运用历史对比方法，回答了群众提出的问题：

---

① 赵义:《枫桥经验：中国农村治理样板》，浙江人民出版社2008年版，第40页。

是“文斗”（即摆事实、讲道理的说理斗争）好，还是“武斗”好？少捕好，还是多捕好？[①]最终，工作队统一了干部群众的思想，运用说理斗争的方式对列为重点对象的47名“四类分子”进行改造，实现了捕人少，治安好。

教育群众

通过说理斗争的方式改造“四类分子”，是教育群众的集中表现。运用说服教育，而非强制压服的方法去解决人民内部矛盾，是群众工作方法的一条基本准则。

改造“四类分子”虽属于处理敌我矛盾的范畴，主要依靠专政工具进行，但是，一方面，改造“四类分子”涉及统一群众的思想；另一方面，在改造“四类分子”的过程中，还涉及如何看待“四类分子”亲属，如何有效发挥“四类分子”亲属在改造工作中的积极作用的问题，这方面都属于人民内部矛盾的范畴。

除了那些罪大恶极者，绝大多数“四类分子”的改造属于思想性质问题，即如何触及灵魂，将其改造成社会主义新人。如此种种，决定了“枫桥经验”具有鲜明的教育群众色彩。群

① 吕剑光：《“枫桥经验”的前前后后》，《人民公安》1997年第19期。

众得到的教育是一些过激的看法得到了纠正；“四类分子”家属也受到感动，并予以理解，从而配合改造；而一些顽固的“四类分子”在公开辩论过程中，被反驳得哑口无言，进而改变了单纯使用专政工具时的逆反情绪。

综上，“枫桥经验”是中国政法工作走群众路线的必然产物，体现了有中国特色的基层社会治理实践。这一特色主要体现为，专门工作并不简单依赖专门机关展开，而是充分运用群众的工作方法，努力做到领导与群众相结合、一般与个别相结合，以实现基层社会的有效治理。

“枫桥经验”的创造性转化

“枫桥经验”的可贵之处在于，它在坚持群众工作方法的同时，针对社会主要矛盾的变化，深耕基层社会治理，创造性地转化原有经验。大致而言，“枫桥经验”的发展历程包含三个阶段（见表 7–2），具有鲜明的时代性。

“枫桥经验”在产生阶段虽处于以阶级斗争为纲的政治氛围

中，但其对处理敌我矛盾的方式方法进行了创造性转化。

表 7–2 “枫桥经验”的发展历程

阶段	主要经验	主要实践内容	社会主要矛盾	工作方法
产生	一个不杀、大部不抓、矛盾不上交	改造“四类分子”	以阶级斗争为纲	专群结合
发展	小事不出村、大事不出乡、矛盾不上交	社会治安综合治理	人民日益增长的物质文化需要同落后的社会生产之间的矛盾	综合治理
创新	矛盾不上交、服务不缺位、平安不出事	基层社会治理	人民日益增长的美好生活需要和不平衡不充分的发展之间的矛盾	共建共治共享

（1）将专门工作转化为群众工作。枫桥干部群众在改造“四类分子”的实践中，并不简单依靠公安机关等专门机关开展工作，而是充分依靠和发动群众，依靠基层组织和基层干部群众，采取“专群结合”的方式解决社会矛盾。

（2）将专政工作转化为说理斗争。在当时的时代背景下，“四类分子”虽属于专政对象，但枫桥干部群众却赋予其辩解、参与社区活动的权利。这使得专门机关能够慎用专政工具，扩大说服教育等处理人民内部矛盾方法的适用范围。

（3）将社会控制转化为思想教育。“四类分子”虽属于社会控制对象，但“枫桥经验”并不强调人身控制，而是通过就地改造，运用思想教育方式，试图实现对“人心”的改造。在这个意义上，“枫桥经验”体现了人本主义精神，也与现代社区矫正理念有共通之处。

因此，哪怕是在以阶级斗争为纲的年代，“枫桥经验”通过专群结合的工作方法，极大地缓和了阶级矛盾，在“四类分子”改造和摘帽工作、改造“流窜犯”以及帮教失足青少年等工作中，发挥了积极作用。

改革开放以后，我国社会主要矛盾转变为人民日益增长的物质文化需要同落后的社会生产之间的矛盾，党和国家的工作重心也从以阶级斗争为纲转到以经济建设为中心。与此同时，中国社会出现了第一次犯罪高峰期，1979 年全国刑事案首次突破 60 万起大关，1981 年一举跃升到 89 万起。为扭转日益严峻的社会治安形势，1979 年 11 月彭真亲自主持的城市治安会议，确定了影响深远的两项措施：一是“严打”政策，二是社会治安综合治理思想。“枫桥经验”与时俱进，成为名副其实的社会治安综合治理的典范。

（1）明确将专门工作置于党和政府的领导之下。这意味着，社会治安综合治理不仅要遵循公检法等专门机关工作的基本准则，还要与党和政府的中心工作相结合。一方面，专门工作需要借助党和政府的力量，形成齐抓共管的格局；另一方面，专门工作也需服务于党和政府工作的大局，处理好改革、发展、稳定之间的关系。

（2）将专群结合扩展为综合治理。“枫桥经验”所继承和发扬的专群结合传统，本身就蕴含了依靠多部门、运用多种手段治理社会问题的思想和做法。改革开放后，党和政府在加强和改进社会治安工作中，逐步探索出了综合治理的思想和方法，进而将专群结合拓展成为综合治理。

在综合治理思想形成的过程中，“枫桥经验”同样起到了示范作用。其中甚为重要的是，枫桥干部群众在抓严打的同时，并未放弃运用“枫桥经验”抓综合治理。当地各乡综治办的治安纠纷调解工作，以及运用帮教体系教育改造犯罪人员，使得社会治安大为好转。1990 年年底在中央决定加强社会治安综合治理的时间节点，彭真还特别提到“枫桥经验”在教育人、改造人的过程中对整顿治安的启示意义，并指示择其适合现状者推广之。

（3）将单纯的治理手段转化为治理网络。在社会治安综合治理实践中，枫桥干部群众通过建立完善的基层组织网络来实现综合治理，包括：通过建立完备的治保会来开展治安工作；通过建立三级纠纷调解组织来化解基层矛盾。进入 21 世纪以后，更是在乡镇一级建立综治中心、大调解体系，进一步夯实社会治安综合治理的工作基础。

进入21世纪以后，中国社会矛盾出现新形势新变化，面临着社会结构深刻转型、利益格局深刻调整、人们思想观念根本变化带来的挑战。2004年中共浙江省委提出平安浙江建设以来，“枫桥经验”逐步从社会治安综合治理的典范，转化为新时期基层社会治理的典范，具体表现在以下三个方面。

（1）以社会建设统领基层社会治理。“枫桥经验”承载着社会关系调节器的作用。在平安浙江建设中，“枫桥经验”不再局限于治安好、犯罪少，也不再局限于单纯保持社会稳定，而是着力解决发展中的不协调、不平衡及不可持续的问题，从而达到社会和谐目标。

（2）形成共建共治共享的基层社会治理格局。近些年来，“枫桥经验”通过强化党委政府的主导作用，激活市场机制，调动社会组织活力，逐渐实现了各方力量共同参与社会建设，人民群众共同参与社会治理，不同群体共享治理成果的社会治理新格局。

（3）与基层治理现代化同步。“枫桥经验”是一个有中国特色的基层社会治理经验，融合了中国传统社会治理智慧、中国共产党的先进性及西方社会治理的优秀成果。[1]党的十八届三中全会提出推进国家治理体系和治理能力现代化以来，“枫桥经验”充分体现了基层治理现代化的建设成果，其专业化、社会化、法治化和智能化水平都有大幅度提高。

某种意义上，最近10多年来“枫桥经验”的创新成果，为新时代“枫桥经验”奠定了坚实基础。

（1）以社会建设统领基层社会治理，适应了人民日益增长的美好生活需要和不平衡不充分的发展之间的矛盾转化。通过社会建设达到公平正义，正是解决新时代社会主要矛盾的重要途径。

（2）在党的十九大提出打造共建共治共享的社会治理格局之前，枫桥的治理实践在完善“党委领导、政府负责、社会协同、公众参与、法治保障”的社会治理体制创新上积累了不少实践经验，这为共建共治共享认识的形成奠定了经验基础。

（3）“枫桥经验”为国家治理体系和治理能力现代化的顶层设计提供了基层探索。实践证明，“枫桥经验”在解决不同类型的社会矛盾中均发挥了积极作用，它在化解新型矛盾中的作用，以及采用的新方法，表明基层治理现代化正在稳步推进。

① 汪世荣等:《枫桥经验：基层社会治理的实践》，法律出版社2010年版。

“枫桥经验”的时代内涵

党的十九大报告指出，我国社会主要矛盾已经转化为人民日益增长的美好生活需要和不平衡不充分的发展之间的矛盾。枫桥地区的社会主要矛盾呈现出鲜明的时代特征。

（1）新型社会矛盾凸显。根据枫桥镇调解志愿者联合会的统计（见表 7–3），当地社会矛盾出现了“四增一减”的趋势，意外伤害、交通事故、民间借贷和劳资纠纷增加，而赡养纠纷等传统社会矛盾减少。

表 7–3　2013—2017 年枫桥镇调解志愿者联合会调解分类汇总

单位：起

年度（年）	损害事故	意外死亡事故	交通死亡事故	一般交通事故	经济纠纷	赡养纠纷	工伤事故	邻里纠纷	其他	总计
2013	72	8	17	10	3	4	3	6	3	126
2014	62	9	18	6	8	2	4	6	1	116
2015	28	9	11	8	12	2	0	0	1	71
2016	28	10	8	7	4	1	3	13	0	74
2017	36	8	15	3	11	2	2	6	12	95
总计	226	44	69	34	38	11	12	31	17	482

（2）出现了不同利益群体之间的矛盾。在枫桥镇及其所在的东部发达地区，工业化、城市化水平较高，使得社会的异质性

程度也较高。不同人群因有不同的文化、阶层地位及生活习惯，产生了不同的社会矛盾。比如，绍兴市有40万外来人口，一些外来人口难以融入当地社会，在日常生活和工作中常常出现外地人和本地人之间的矛盾。再比如，当地的民营经济较为发达，出现了一批先富群体，而绝大多数普通群众仍过着工薪阶层的生活，劳方和资方之间的矛盾时有发生。甚至于，阶层分化已经影响了村庄政治生活，富人治村导致先富群体垄断村级权力，并排斥底层农民的政治参与，最终造成农民上访等矛盾。[①]

（3）社会矛盾更显复杂。在枫桥镇，越来越多的社会矛盾呈现出多种样态、多重原因及多个群体相互交织的状况，这极大地增加了社会矛盾的复杂性。比如，邻里纠纷很可能以土地权属争端的方式呈现，而土地纠纷又涉及不同时期的土地政策的冲突，导致民间纠纷容易转化为官民冲突。再比如说，劳资之间的纠纷不单单是农民工与企业主之间的纠纷，还牵扯到外地人和本地人之间的隔阂。

毛泽东同志曾经指出："所谓正确处理人民内部矛盾问题，就是我党从来经常说的走群众路线的问题。"[②] 为适应社会主要矛盾的变化，"枫桥经验"的群众工作内涵亦具有强烈的时代

① 袁松：《富人治村——城镇化进程中的乡村权力结构转型》，中国社会科学出版社2015年版。
② 《建国以来毛泽东文稿》第6册，中央文献出版社1992年版，第547页。

特征。

（1）矛盾化解中的群众工作对象更加多样化。“枫桥经验”中的矛盾化解对象不单单是当地农民，还包括当地群众中的不同阶层、不同利益群体，也包括外来人口。近些年来，枫桥镇还通过组织建立乡贤会等社会组织，既发挥其在社会治理中的作用，又为其解决切身利益，成功地将一些新的社会阶层、利益群体纳入群众工作范围。

（2）矛盾化解内容需更加丰富。近些年来，“枫桥经验”不仅在社会治安管理等领域大显神威，还在经济建设和其他社会治理领域发挥着重要作用。比如，绍兴市积极推进“本地农民市民化、外地民工本地化”的举措，运用“枫桥经验”促使外来人口融入本地。

在拆地、拆迁等矛盾易发领域，“枫桥经验”也发挥了积极作用。比如，在永宁水库建设项目中，枫桥镇和项目指挥部成立工作专班，干部分户包干，动态跟踪，诚心诚意上门听取意见，耐心细致解答群众疑虑，使得涉及4个自然村550余户1400余人的重点工程，未产生群众上访等问题。

（3）矛盾化解渠道更加畅通，方法更加多元。当前的“枫桥经验”，一方面继续通过综治中心、大调解体系等畅通的矛盾化解渠道，运用传统的调解方法化解社会矛盾；另一方面通过互联网等现代技术，进一步拓宽矛盾化解渠道，并着力运用法治思维和法治方式，使矛盾化解方式更加多元。枫桥镇调解志愿者协会会长老毛总结了枫桥调解的10种方法，包括联合调解法、志愿者调解法、背面结合调解法、坐镇调与下村调相结合调解法、情理调解法、品牌调解法、速度型调解法、看脸色调解法、威信调解法、信调结合调解法，这充分说明了当前“枫桥经验”中矛盾化解方法的多元性。

新时代“枫桥经验”的理论启示

2013年，在纪念毛泽东同志批示“枫桥经验”50周年大会召开前夕，习近平就坚持和发展“枫桥经验”作出重要指示，强调各级党委和政府要充分认识“枫桥经验”的重大意义，发扬优良作风，适应时代要求，创新群众工作方法，善于运用法治思维和法治方式解决涉及群众切身利益的矛盾和问题，把“枫桥经验”坚持好、发展好，把党的群众路线坚持好、贯彻好。习近平总书记关于坚持创新发展“枫桥经验”的新理念、新思想、新战略，是推进基层社会治理现代化的根本遵循，为新时代坚持和发展“枫桥经验”指明了方向。

根据我们的调研，当前的“枫桥经验”通过持续有效的群众工作机制，已经超出社会治安综合治理的范畴，成为基层社会治理的典型经验，主要表现在三个方面。

（1）简约治理。中国的地方治理一直具有简约主义传统，表现为准官员和半正式的行政方式被广泛采用。“枫桥经验”作为群众路线的产物，继承了这一传统。当前，简约主义的理念在“枫桥经验”中得到了发扬光大。典型表现是，枫桥镇党委政府通过党建引领，充分发挥党员干部等积极分子在“三改一拆”、“五水共治”、美丽乡村建设等工作中的引领作用，并对越级上访、“四违”（违法建设、违法开矿、违法洗砂、违反殡葬管理）等行为加以约束，提高了基层治理的有效性。

目前，枫桥镇设立了1321个党员“红枫”岗，落实2601名责任党员，以党员亮分、亮牌、亮业绩“三亮”活动为载体，强化基层党员监督管理，切实发挥党员先锋模范作用。2017年，党员“三亮”活动共亮牌表扬党员125名、警示党员47名、劝退不合格党员2名。

（2）社会活力。当前，“枫桥经验”在保证基层治理规范、有活力的过程中发挥了关键作用。枫桥镇联合调解中心在化解矛盾纠纷中发挥了关键作用，这得益于各类社会组织的激活。具体而言，联合调解中心由三个部分构成：一是专门机关工作中的调解制度，包括人民调解、诉前调解、刑事调解、治安调解等；二是以枫桥调解志愿者协会为核心的志愿调解；三是专业性、行业性调解。正是因为激活了政府、市场和社会的调解力量，多元纠纷调解才成为改革开放以来“枫桥经验”最具特色的组成部分。

当前，枫桥镇已初步培育了门类齐全、功能多样、初具规模的社会组织，2017 年共有镇级社会组织 50 家，发展会员 7520 人；村级社会组织 193 家，共有会员 14500 人。其中，不乏乡贤会这类在枫桥镇经济社会发展中起到积极作用的社会组织。按照乡贤会一位负责人的说法，社会组织“议政不参政、帮忙不添乱”，为当地基层社会治理贡献了力量。

（3）依法治理。“枫桥经验”作为政法工作的一面旗帜，始终是践行有中国特色的法治理念的重要标志。当前，运用法治思维和法治方式化解社会矛盾，已是新时代“枫桥经验”的重要特点。比如，民间纠纷调解中的情理法运用，法治原则是第一位的，“小事依规、大事依法”早已是当地纠纷调解的基本原则。枫桥镇人民调解的几乎所有经典案例，均是依法调解的产物。[1]而"三上三下"的村级议事决策机制以及村规民约的运用，本质上是对《中华人民共和国村民委员会组织法》的运用。

作为平安建设的典范，"枫桥经验"让近些年来的枫桥镇社会治安平稳有序，刑事案件从2013年的331起下降到2017年的133起，每年下降约20%；矛盾纠纷总量从最高一年的1064件减少到608件，每年下降约15%；先后6次荣获"全国社会治安综合治理先进集体"称号，连续3次夺得全国社会治安综合治理"长安杯"。枫桥镇已成为社会治理的典范、平安和谐的绿洲。[2]

党的十八大以来，以习近平同志为核心的党中央不断推进党的理论创新，形成了新时代中国特色社会主义思想。其中，习近平同志强调："不论过去、现在和将来，我们都要坚持一切为了群众，一切依靠群众，从群众中来，到群众中去，把党的正确主张变为群众的自觉行动，把群众路线贯彻到治国理政全部活动之中。"[3]"枫桥经验"是新时代有中国特色法治思想的重要组成部分，其重要特征便是坚持和发扬了新时代群众工作方

---

① 蔡娟主编：《枫桥经验之人民调解案例故事》，浙江工商大学出版社2018年版。

② "枫桥经验"联合蹲点调研组　金伯中：《社会治理的典范　平安和谐的绿洲——枫桥镇提升推广新时代"枫桥经验"调查报告》，《公安学刊》2018年第3期。

③ 《习近平谈治国理政》，外文出版社2014年版，第27页。

法，其理论启示包括三方面。

（1）重视基层基础工作。通过做好群众工作，来加强基层基础工作，是国家治理体系和治理能力现代化的基石。只有基础牢、基层稳，才谈得上国家的长治久安。无论是“一个不杀、大部不抓、矛盾不上交”，还是“小事不出村、大事不出乡、矛盾不上交”，或是“矛盾不上交、服务不缺位、平安不出事”，[①]不同时期的“枫桥经验”的共同特点都是坚持了“三不”的底线思维，将基层视作实现国家长治久安的基石。

（2）正确处理人民内部矛盾。正确区分和处理人民内部矛盾，是基层社会治理的基本原则。具体而言，民主的方法，“团结—批评—团结”的方式，是政治上处理人民内部矛盾的原则。“枫桥经验”生动诠释了划分人民内部矛盾与敌我矛盾，对不同类型的社会矛盾进行分类治理，运用说服的办法解决人民内部矛盾的基本原则。

（3）坚持问题导向。不同时期社会的主要矛盾，是社会问题的集中呈现。当前，面对不同阶层、不同利益群体及不同社会矛盾时，“枫桥经验”在基层社会治理中的丰富内涵被不断挖掘出来，并创造了矛盾纠纷化解中的点线面相结合的调解体系、

① “枫桥经验”联合蹲点调研组　金伯中:《社会治理的典范　平安和谐的绿洲——枫桥镇提升推广新时代“枫桥经验”调查报告》,《公安学刊》2018 年第 3 期。

村民自治中的“三上三下”决策法、信访工作中的镇领导接访制度、流动人口管理中的三外服务管理模式等。

“枫桥经验”对新时代基层社会治理现代化建设具有现实意义。作为一个经验对象的“枫桥经验”，是基层社会治理的典范，但作为一个具有实践指导意义的抽象理论，“枫桥经验”体现了有中国特色的社会主义法治思想，揭示了基层社会治理的一般规律。

8 县级纪检监察的监督机制

县域治理是国家治理的基石。县域拥有完整的政治行政功能，反映出国家行为的一致性和制度的整体性，同时，因处于国家与社会的交接面上，其运行更具多样性。党的十八届三中全会提出推进国家治理体系和治理能力现代化以来，县域治理实践中的制度性因素在不断增强，表现为县域治理制度体系的完整性及制度执行的一致性不断提高。那么，县域治理现代化的动力及机制是什么？从政治与行政二分的角度进行分析，行政科层化或行政机制是县域治理制度化、规范化及程序化的主要表现，“党领导下”的政治统合则被视作一种非正式的治理机制。[①] 潜在地假设政治机制与行政理性化相互分离、互相干扰，并不符合实践逻辑。

在县域治理过程中，“党和政府”是“国家”的具象化，二者不可分离。过去几十年，中国的国家治理经历了从总体支配到技术治理的大转型，恰恰是政治机制在起作用。其突出表现是，政治机制本身也在遵循现代化的治理逻辑。比如，基于群众路线而创设的中心工作、综合治理、简约治理等基层治理方法，早已不是长官意志的表现，而是被纳入了制度化轨道。事实上，在县域治理现代化过程中，行政理性化过

① 折晓叶：《县域政府治理模式的新变化》，《中国社会科学》2014 年第 1 期。

程也得益于政治机制的推动。在县域党政体制中，党政既非完全合一，又非分离对立，而是有统有分、分工协作，形成“党委领导、政府主导”的治理格局。[①]县一级党委围绕中心工作，对行政科层制进行结构整合、资源聚集、功能重组，由此形成了政治统合制的运行机制。[②]不过，这种推动作用的内在机制还有待更多的实证研究予以证实。本章即试图从纪检监察监督的运行来理解制度化的政治统合机制对行政理性化的推动作用。

纪检监察体制

纪检监察制度是中国特色的国家治理体系的重要组成部分。这得益于两种重要的制度设计。一是合署办公。合署办公主要是基于中国特色的党政关系，解决两个具有不同编制、职责，

---

① 杨华、袁松：《中心工作模式与县域党政体制的运行逻辑——基于江西省D县调查》，《公共管理学报》2018年第1期。

② 欧阳静：《政治统合制及其运行基础——以县域治理为视角》，《开放时代》2019年第2期。

但工作对象、工作内容相近的党政机构工作关系问题而作出的制度安排。[①] 1993 年，纪检机构和行政监察机构开始合署办公，近年来的国家监察体制改革，也遵循了党的纪律检查机构与国家监察部门合署办公的传统。

从组织学的角度看，合署办公并不是单纯的职能整合，而是创设了具有不同合法性来源、组织机制的“一套人马、两块牌子”的新组织类型。纪检监察机构“一套人马、两块牌子”，使得党纪监督可以深入国家监察过程中；反过来，国家监察也可以援用党纪监督的政治资源。纪检机关与监察部门合署办公以来，党内监督（包括党风党纪监督和党内决策监督）与国家监察已经实现高度融合。

二是双重领导。1982 年党的十二大通过的党章明确了纪检机构实行双重领导体制，各级纪委在同级党委和上级纪委的双重领导下开展工作。总体上，纪检监察机构的独立性和自主性是不断提升的，纪委在同级党委中的地位，以及上级纪委对下级纪委的业务、人事的控制权，都在不断提高。并且，通过设立派驻机构，纪检监察机构实现了对各政府部门人员及政策过程的直接监督。但是，这并未改变双重领导性质。监察机构必

① 徐理响：《现代国家治理中的合署办公体制探析——以纪检监察合署办公为例》，《求索》2015 年第 8 期。

须接受同级党委的领导，党对监察机关的领导是监察机关依法独立公正行使监察权的政治保证。纪检监察合署办公以后，履行纪检监察两项职能，对党中央或地方党委全面负责。同时，下级纪检监察机关在案件管辖、调查审查等业务方面必须接受上级纪检监察机关的领导。

党的十八大以来，党和国家逐渐完善权力监督体系，力求“把权力关进制度的笼子里”。中共中央印发的《建立健全惩治和预防腐败体系 2013—2017 年工作规划》也强调，要“强化权力运行制约和监督，确保权力正确行使”。其中，集党内监督与行政监督，即集政治机制与行政机制于一体的纪检监察制度发挥了基础性作用。如何理解纪检监察机构在权力监督制约工作中的运作逻辑，进而分析其对县域治理现代化的作用机制，是本章的关注重心。

在中国的政治体系中，县是职能和机构最完备，并拥有一定管辖层级的基层政治系统，兼容了管辖权和治理权。这就意味着，县级权力配置不仅要服务于领导机构有效实现管辖权，保持权威体制的一统性，还要便于各职能部门和治理层级行使治理权，实现对公共事务的有效治理。从权力属性看，监察权本是中国特色的保持权威体制一统性的权力配置，但在县域治理实践中，它事实上具有难以替代的治理功能。从治理有效性的角度看，政治组织实行决策、执行、监督三事分工，是复杂政务活动提高效率、实行科学管理的必然要求。如果将县域治理视作一个政策执行体系，则纪检监察机构在整个政策过程中嵌入了监督职能。

纪检监察机构主要是对政策主体和政策过程进行监督。我国 80% 以上的公务员、95% 以上的领导干部是共产党员，在对行使公权力的公职人员的监督中，党内监督和行政监察既具有高度内在一致性，又具有高度互补性。《中国共产党章程》规定纪委的职责是监督、执纪、问责。监察体制改革前的《中华人民共和国行政监察法》规定监察机关主要对国家行政机关和行政人员进行监督检查和惩处。对于纪检监察机构而言，监督是处在教育和惩处之间的第二道防线，位于软约束与硬制约之间，并且是执政党的执政权与国家机构的国家治理权相混合的产物。如何通过这种结合在辖区内构建起一道严密的监督网络，是纪检监察工作的重心所在。

从监督过程来看，纪检监察机构的监督贯穿于政策全过程，包括议程设置、问题界定、决策、执行以及反馈等阶段，是对县域治理体系的整体性监督。借助于纪检监察机构的双重属性，渗透于县域治理体系及其治理过程的监督机制，对县域治理的现代化具有重要的推动作用。

本章以山东省临朐县（截至 2017 年全县人口 85 万）的纪检监察工作为经验基础，探讨纪检监察工作在县域治理实践及其现代化过程中的作用机制。如果说临朐县纪检监察工作及县域治理现代化的机制也适合其他地方的话，那这个案例将有助于解释当前我国县域治理现代化的一般性问题。需要指出的是，我们的田野调查于 2018 年年初进行，而国家监察体制改革于 2017 年开始全面深化部署。国家监察体制改革的内容有四大特点：监察权成为与行政权和司法权并列的国家权力，监察全覆盖，监察职权扩展到职务犯罪调查和处置，领导体制以垂直为主。[①] 由于本章主要讨论的是对县乡党委政府行使公共权力的公务人员和村两委干部的监督，以及对整个县域治理政策过程的监督，因而监察体制的改革在总体上不影响县域监督问题的讨论。

---

① 陈光中、邵俊：《我国监察体制改革若干问题思考》，《中国法学》2017 年第 4 期。

县级纪检监察的监督网络

纪检监察具有全覆盖的特征，不仅是指将所有县乡党委政府行使公权力的公职人员及村两委都纳入监察范围，更是指纪检监察机构是县域治理体系的有机组成部分，渗入了县域治理全过程，从而形成了一个完整而严密的监督网络（见表 8-1）。

表 8-1　县域治理与纪检监察监督对应关系

县域治理		纪检监察监督	
治理体系	县委常委会 县政府部门 乡镇党委政府 村两委	县纪委书记 派驻机构 乡镇纪委 纪检委员、村务监督委员会（理财小组）	**对人监督**
治理任务	行政业务 重点工作	“三重一大”事项监督 专项正风肃纪	**对事监督**
治理过程	决策 执行 反馈	决策监督（一岗双责、一案双查） 过程监督（专项督查） 结果监督（政治巡察和专项巡察）	**全阶段监督**

首先，纪检监察在对人监督上实现了全覆盖。纪检机构是党内监督机构，所有党员均被覆盖其中，而所有行使公权力的公职人员，均被纳入监察范围。从实践来看，党内监督和国家

监察有高度重合之处，这使得在县域治理实践中，对人监督的监察体系与治理体系具有同构性。

（1）县委常委是县域治理的最高决策层，而县纪律检查委员会由全体党代表选举产生，并且县纪委书记是常委会成员，参与常委会的所有决策工作。县纪委的独立性及高配置，使之对同级党委构成微妙的制衡作用。同理，乡镇纪委属于乡镇治理权之有机构成部分，对乡镇党委同样起到权力制衡作用。

（2）政府部门是县域治理的主要政策执行主体，派驻纪检监察组参与政府部门“三重一大”（重大事项决策、重要干部任免、重要项目安排、大额资金使用）事项的集体讨论，并不定期组织专项督查，配合县委巡察组进行政治巡察，对部门工作及主要领导进行全覆盖监督。

（3）村党支部和村民委员会是村级治理主体，村务监督委员会和民主理财小组是法定的村民自治制度设置。但在实际运作过程中，很多村庄的“自我监督”效果不彰。党的十八大以来，纪检监察触角下沉，在村党支部设立纪检委员，一些地方逐步将村务监督委员会和民主理财小组纳入纪检监察工作轨道，极大地强化了村级治理的监督能力。

其次，纪检监察在对事监督上实现了对重要治理任务的日常监督。县域治理任务主要包括两类：①日常性的行政任务，主要由县政府各部门分别执行；②县委决策确定的重点工作，包括一般性的重点工作和中心工作，前者属于各部门承担的“重大事项”，后者则属于跨部门任务，一般由党委政府设立“专班”加以实施。

一般而言，日常性的行政任务有较为明确的工作流程，科层制内部的专业分工即可实现对各治理任务的有效监督。而重点工作要么涉及较大利益分配，要么关系到县域治理的整体绩效，往往容易受到人为干预，自然而然是重点监察对象。在实际操作过程中，纪检监察机构主要通过“三重一大”事项监督制度及专项正风肃纪工作，来实现对重要治理任务的监督。在对重要治理任务的监督过程中，纪检监察机构往往还会联合审计部门，通过专项审计等办法，来强化监察力度和加强监察的科学性。

最后，纪检监察在县域治理过程中，实现了政策过程的全过程监督。具体而言，在决策环节，通过“一岗双责”和“一案双查”制度进行决策监督。在党内工作制度中，领导干部对业务工作和党风廉政建设负双重责任。问责时，既要追究当事人责任，又要倒查追究相关领导责任，包括党委和纪委的责任。如此，纪检监察工作事实上融入了决策工作中，决策的合法性很大程度上源自纪检监察机构的有效监督。

在执行环节，通过专项督查保证政策执行。在县域治理实践中，中心工作主要通过“专班”加以推进，而组建专门的督查小组基本上是各个“专班”的标配。一般而言，专项督查由县纪检监察机关联合各职能部门组成，专门针对某项重点工作开展督查。一旦发现执行不力的情况，就可以采用“四种形态”，运用约谈、通报批评等手段，督促相关单位和官员贯彻决策意图。

在反馈环节，通过政治巡察和专项巡察检视政策全过程。通常而言，政治巡察一般由地方党委组织，具体工作由纪检机构承担；专项巡察既可以由地方党委的巡察组进行，亦可由纪检监察机构组织。无论是政治巡察还是专项巡察，都属于结果监督。本质上，结果监督并非简单地“办案”，而是通过发现问题线索，“清理”政策漏洞，开展补救和纠偏工作。①

纪检监察机关在每一个治理层级、每一个治理领域，都配置了监督力量，由此构筑了一个与县域治理体系具有同构性的严密网络。通过这种监督网络，纪检监察机关在监督过程中统一治理权与管辖权。纪检监察机构是政治机关，这使得其监督能体现党委政府的意志，具有鲜明的政治性，是管辖权的重要

① 李辉：《当代中国腐败治理策略中的“清理”行动：以H市纪检监察机构为个案（1981—2004）》，《公共行政评论》2010年第2期。

表现。同时，纪检监察又属于治理权的一部分，遵循行政理性化逻辑，监察过程严格遵循法律法规及行政流程。基于此，看似相互矛盾的政治动员和技术治理措施，却在纪检监察的监督过程中有机融合了。事实上，在县域治理实践中，纪检监察机构并不以某个政策过程或执行主体为目标，而是立足于对县域治理体系的整体性监督。作为一种超越性的监督力量，纪检监察机关的监督为协调各治理层级以及各部门关系，整合决策、执行及反馈等政策过程，提供了政策工具。

县级纪检监察的监督过程

纪检监察监督网络与县域治理体系的同构性，决定了其监督过程与政策过程具有同步性。一般而言，政策过程主要包括议程设置、问题界定、政策制定、政策执行、政策评估等阶段。作为一个具有明确“问题导向”，以修复治理系统为己任的专责机构，纪检监察机构的监督过程也与之高度匹配。我将以临朐县纪检监察机关对农村集体“三资”管理的监督过程为例，来说明这种监督过程与县域治理实践过程的高度一致性（见表8–2）。

表 8–2　农村集体“三资”管理的监督过程

政策过程	监督过程	农村集体“三资”管理的监督过程
议程设置	查找政策漏洞（2015 年 1 ~ 2 月）	①梳理农村信访举报件，发现 79.79% 与农村财务管理有关 ②初步核实调研，提出建议 ③县纪委书记向县委书记口头汇报，征得认可
问题界定	提出监督目标（2015 年 3 月）	①县纪委安排专业人员赴各乡镇系统调研 ②起草《当前农村财务管理工作存在的主要问题和对策建议》 ③县委书记作出肯定性批示
政策制定	出台监督方案（2015 年 3 月）	①成立农村集体“三资”管理工作领导小组 ②出台相关文件
政策执行	督查（2015—2017 年）	①连续三年开展农村集体“三资”管理情况专项督查 ② 2016 年开展农村集体经济全面审计，加大农村“三资”管理监督执纪力度
政策评估	建立长效机制（2017 年）	制定《临朐县农村集体资金资产资源管理办法》

查找政策漏洞

纪检监察机构作为县域治理体系的专责监督机构，相较于别的部门具有优先及全面掌握治理信息及问题线索的优势，因而具有较强的问题识别能力。不过，信息掌握并不意味着可以自然形成问题认识，而是取决于问题识别机制。

纪检监察机构对问题的判断主要基于三个渠道。

一是指标。纪检监察信访作为一种制度化的、针对党政干部的常态监督机制，对于监测县域治理体系的运转情况具有相当的参考意义，纪检监察机关也甚为重视信访件的问题研判。

二是事件。指标一般是常规性监控的结果，需要有较大样本、较长时间的信息资源，且需要有专业的数据分析，才具有政策意义。但一些偶然发生的公众事件，如果具有典型性，或影响了决策者的注意力分配，也会有政策意义。

三是反馈。反馈信息的渠道、内容都会影响纪检监察机构对问题的研判。一般而言，信息渠道越是权威、信息内容越是异常，就越是能够引起纪检监察机关的重视。

在三个渠道中，指标相对具有常态化意义。临朐县每年都会针对信访件所反映的问题，查找政策漏洞。2015 年年初，临朐县纪委通过梳理 2012—2014 年三年的信访件发现，近 80% 的农村信访举报件涉及农村财务管理，这表明农村财务管理具有政策漏洞。县纪委部门通过初步调研核实，确认了问题的真实性，临朐县农村财务治理的相关工作就此进入议程设置阶段。

纪委不仅提出了治理农村财务管理漏洞的相关建议，而且纪委书记就此工作向县委书记进行了口头汇报，征得其开展相关治理工作的同意。

提出监督目标

纪检监察机关监督目标的设置，一是基于纪检监察工作的职责要求，二是基于县域治理的目标设定。基于第一个理由，监督目标主要是对公职人员进行监察，调查职务违法和职务犯罪，开展廉政建设和反腐败工作。基于第二个理由，监督目标主要服务于县域治理实践，尤其是服务于重点工作的开展。

临朐县作为一个农业县，农村集体“三资”管理的漏洞，不仅涉及涉农领域的廉政建设和反腐败工作，而且影响到县委常委会确立的县域治理总体要求，必然会成为纪检监察机关的重点监察对象。在发现其存在巨大政策漏洞以后，县纪委立即派人赴各乡镇对农村财务管理进行系统调研，逐条梳理其存在的问题，并根据调研结果起草《当前农村财务管理工作存在的主要问题和对策建议》，该报告获县委书记肯定性批示。

在双重领导体制下，纪委监委的业务工作直接受上级纪委监委的领导，其监督目标的设定很大程度上取决于上级考核指标及年度重点工作安排。2017 年和 2018 年，中央纪委监委将扶贫领域腐败和作风问题作为重点监察对象，这一监察目标和临朐县纪委监委已经开展的农村集体“三资”管理监督具有很强的契合性。在双重压力之下，农村财务管理成为纪检监察的持续目标。

出台监督方案

问题界定清楚之后，需要在相应的备选方案中进行政策抉择，最终作出政策决策。监督方案一般包括两大部分：一是组织架构，二是政策文本。

从组织架构来看，由于重要监督方案很可能涉及县域治理体系的调整及治理能力的塑造，牵涉面广、影响大，纪检监察机构需借助县委县政府的权威来整合、协调人大监督、政协监督、审计监督、社会监督等监督力量，以及相关政府部门和乡镇党委政府的配合。农村财务管理监督方案经过县委常委会讨论，决定成立农村集体“三资”管理工作领导小组，并明确县委副书记牵头、副县长参加，县纪委协调，领导小组办公室设在县经管办。

从政策文本来看，在县域治理中，最高决策单位是县委常委会，最为权威的监督方案均由县委县政府发布。在临朐县，每年只出台 1～2 份由纪检监察机构制订，由县委县政府发文的监督方案，而绝大多数监督方案，只局限于纪检监察机关及相关部门，由纪检监察机关单独发文或与相关部门联合发文即可。关于农村财务管理，临朐县一共出台了三份文件，分别是县委县政府《关于全面加强农村集体资金资产资源管理的意见》，县委办、政府办《临朐县清理规范农村集体“三资”管理工作实施方案》，县纪委、监察局《关于严明纪律切实加强农村集体“三资”管理的通知》。

督查

政策执行情况直接影响政策的有效性，其实施过程有赖于相应的监督。纪检监察机构的监督主要有三种方式。

一是政治巡察。政治巡察主要由地方党委巡察组承担，主要聚焦党的领导、党的建设、全面从严治党、党风廉政建设和反腐败以及选人用人等问题。在实际工作中，巡察组的办公室设在纪委，巡察过程中的业务工作也主要由纪委工作人员承担。因巡察工作与纪检监察工作有很多交叉之处，所以政治巡察事实上并不是对具体政策的监督，而是对政策运行体系的监督，是对县域治理生态的监督。

二是专项督查。专项督查是对具体政策执行情况的专门监督。一些专项督查聚焦于政策执行主体的态度及动机，督促其不折不扣地执行上级政策，且多以作风巡查的方式进行。更多的专项督查聚焦于政策阻梗，推动政策落地。

三是日常监督。日常监督主要依靠纪检监察信访来实现。绝大多数情况下，日常监督以“个案”方式呈现，纪检监察机构通过办案来解决那些偶然的、个别的阻碍政策执行的问题。但是，通过对典型案件进行剖析，进而举一反三，起到警示作用，一直是党风廉政教育的主要方法，如此也能达到监督的效果。

临朐县农村财务的监督主要采取专项督查和日常监督的形式。一是从 2015 年到 2017 年连续三年开展专项督查，并于 2016 年对农村集体经济进行全面审计，彻底摸清底数。二是加强日常监督执纪工作，如根据 2014 年查处的该县某村干部虚报冒领国家粮食补贴的典型案例，在 2015 年结合中央和省市纪检工作精神，对虚报冒领涉农资金问题进行了清查行动，极大地规范了粮食补贴政策的执行。

建立长效机制

政策执行的结果需要进行相应的反馈，与简单的办案不同的是，纪检监察机构的督查活动具有鲜明的政策建构指向，即就某个问题的治理建立长效机制。因此，在县域治理实践中，督查并非目的，而在于通过督查活动，监控问题解决的成效，评估政策的科学性和有效性，据此将问题解决方案转化为制度化方案。

对于农村“三资”管理的漏洞，临朐县纪委也从制度建设的角度出发，督促主责部门制定了《临朐县农村集体资金资产资源管理办法》，着重从以下几个方面加以改进。

第一，落实集体“三资”委托代理制。税费改革以后，农村集体资产实行“村财镇管”，但乡镇本身会计能力有限。对此，一是充实乡镇经管站力量，足额配置编制，并聘用代理会计增强会计力量；二是推行电算化，加大技术投入。

第二，强化村级民主理财。村务监督委员会及民主理财小组属于村民自治组织系统，此次将其纳入纪检监察管理，接受乡镇纪检监察机构的业务指导，同时稳定村级会计队伍，强化会计监督职能；深化村级民主决策管理，严格落实“四议两公开一监督”。

第三，创新审计监督管理方式。此前的财务审计没有规定审计时限，间隔期限越长，越容易出现账目混乱，并且难以追查。此次新增规定每月一次报送审计；开展就地审计、专项审计和任中审计；委托专业社会机构对重点问题实施审计。

第四，加大巡查和问责力度。具体包括成立农村集体“三资”清理规范巡查组，形成常态化巡查督导机制，以及将“三资”管理纳入挂片领导、包村干部及村干部的年度考核目标。县域治理是一个开放系统，政策执行要受到各种政策环境的影响，长效机制的建立也有赖于多重制度设置的共同作用，有赖于整体政治生态的持续向好。

综上，县域治理中的监督过程，是一个特殊的问题解决及政策循环过程。这一过程表明，纪检监察机构并非一个单纯的反腐败专责机关，而是嵌入县域治理体系，与县域治理过程同步的、通过系统监督来保障县域治理实施的综合性机构。也正是在这个意义上，纪检监察监督在县域治理实践及其现代化过程中具有难以替代的作用。

县级纪检监察监督的运行机制

纪检监察机构是一个政治机关，是县域治理政治统合机制的重要组成部分。纪检监察监督网络嵌入县域治理体系之中，其监督过程得以完成，是县域治理机制，尤其是政治统合机制发挥作用的结果。从内部视角看，这种政治统合机制主要由制度化动员、中心工作及技术赋权三个机制在驱动。

制度化动员

信访举报是纪检监察工作的“入口”，绝大多数问题线索均来自举报。并且，与巡察发现、领导交办以及上级转派等内部约束性的官僚控制方式不同，信访举报作为一种外部引导性的官僚控制方式，其控制力来源于体制外，控制意图并不仅仅是规制官僚行为，而更倾向于导向特定的政策目标。[①]不过，与传统的群众运动不同的是，信访举报的动员机制已经被纳入了制度化渠道。临朐县纪委专门制定了《信访举报问题线索受理处置办法》，规范问题线索处置工作流程。因此，群众信访举报已非群众运动的构成要件，而是被纳入了纪检监察监督的制度框架内。

具体而言，纪检监察监督运用信访举报等制度化动员机制，主要体现在几个环节。

一是查找政策漏洞环节。临朐县纪委每周召开一次信访分析会议，对问题线索进行集中分析研判。研判过程中，一些重

① 魏姝:《控制官僚：中国模式及其演变》,《学海》2017 年第 5 期。

复访、越级访和集体访等信访件，往往具有典型性，从而构成“事件”；一些领导交办的信访件，因注意力配置的原因，被当成重要反馈；由于群众自由来信来访不受外界因素干扰，当样本量足够时，其数据显示出的“问题”具有指标意义。由此，群众信访通过县纪委的分类处置，转化成具有普遍和一般意义的政策信息。对于纪检监察机构而言，群众举报就不仅仅是针对某个公职人员或具体问题，而是针对政策漏洞。

二是督查环节。纪检监察机构在进行政治巡察、专项督查等活动的过程中，都会通过新闻媒介通告督查时间、对象和内容，并公布举报邮箱和电话。很显然，公告本身具有鲜明的群众动员色彩。尽管督查期间的信访件也仅仅具有信息传递功能，但与普通信访举报不一样的是，督查信访举报往往更具针对性，巡察组可以利用其政治权威，汇集其他信息，及时定性并作出回应。

就临朐县纪检监察工作经验而言，各类巡察组和督查专班移交的信访举报件，成案率几乎可以达到100%。并且，被督查单位对巡察组和督查专班反馈的问题线索，几乎都会在规定时间内逐条整改并作出反馈。否则，在下一轮“回头看”中如果被发现整改不到位，那他们会被严厉处理。可见，较之于常规性的信访举报，督查环节的信访举报一开始就被纳入了巡察组和督查专班欲解决的某个政策轨道，且动员程度更高。

中心工作

中心工作一直是基层党委政府执行国家政策的重要机制。在县域治理实践中，县级党委从众多治理事务中遴选出重要的治理事务作为党委的重点工作，并通过党的组织体系充分调动和有效整合党政部门的资源以完成中心工作。纪检监察机构实行党政合署办公模式，这在制度上确定了其监督具有极强的政治统合内涵。一个典型的监督过程，基本上都是按照中心工作机制实施的。

中心工作驱动纪检监察监督，主要包括三个步骤。

一是确定重点工作。在县域治理实践中，县委常委会是最高决策机关，且是政治统合的实施者，代表着党委意志。与之相应的是，县域范围内的其他机构和个人，都无法统辖所有治理权。县纪委虽地位特殊，但也属于县域治理权的有机构成部分，如欲堵住重大政策漏洞，仍需借助县委常委会的权威。

一般而言，重点工作的确定，需县委书记动议，县委常委会集体决策。尽管县纪委书记可以向县委书记口头汇报，并获得对方首肯，但汇报要转变为政策，有一套严格的决策流程。包括提供严谨的论证报告，县委书记肯定性的书面批示，常委会讨论并作出决议。某项监督工作一旦被县委常委会确定为本县重点工作，在领导注意力分配、行政资源调配、绩效考核权重等方面，就都会得到倾斜。

二是运动式治理。与国家运动主要诉求于合法性建构不同，基层运动式治理是应对中心工作的常规性行政机制。[①]其主要工作包括：成立领导小组，以加强政治领导，便于调配行政资源；以县委县政府的名义出台文件，相关部门出台实施方案和配套意见，确立治理程序；组建“专班”，通常会建立与中心工作相关的若干个业务专班；倒排日期，将各项任务分解、对标。整个监督过程虽由纪委主导，但县域治理的每一项工作都有主管部门，对某项工作的监督，一般仍由业务主管部门具体抓落实，纪检监察机构起协调和纪律保障的作用。

概言之，纪检监察机构可充分利用监察权，加大督查力度以加深行政动员程度。如果某个部门或公务人员在运动式治理期间，因各种原因未能按时间表的进度完成工作，那纪检监察机关就可以充分利用“四种形态”来督促工作。

三是组织激励。在一般性的中心工作中，组织激励主要表现在官员晋升及财政激励等方面。中心工作完成得好，会获得

① 欧阳静：《论基层运动式治理——兼与周雪光等商榷》，《开放时代》2014 年第 6 期。

事先确定的奖励绩效；完成得不好，或者出现重大纰漏，很可能受到惩罚，甚至被一票否决。然而，纪检监察监督的组织激励有一定的特殊性，其主导激励措施是追责处分等负面激励，即纪检监察机关通过执纪、问责，来确保监督的落实。

技术赋权

客观上，技术治理是行政科层化的逻辑延伸，意为通过法治化、规范化、技术化和标准化来强化行政理性。随着现代行政技术，尤其是以互联网为代表的新技术进入行政领域，民主的常规化监督能力及纪检监察的监督成效都得以大幅度提升，①技术赋权也逐渐成为纪检监察监督的重要驱动机制。

在查找政策漏洞的过程中，“数据”演示往往是技术赋权的效果。当前，群众举报大多不再依赖传统信件和电话，运用网络工具举报，对证据的呈现更为完整且效率更高。而纪检监察机关也越来越依赖网络技术。畅通网络举报，不仅有利于加大制度化动员，而且还可以直接生成“数据”，快速找到政策漏洞。在督查过程中，问题线索及“证据”的呈现很大程度上也依赖技术赋权。由技术赋权所呈现出的“证据”，具有客观性，

① 李振、冯阳雪：《动员常规化与技术赋权——以纪检监察信访为案例的研究》，《经济社会体制比较》2018 年第 1 期。

容易形成证据链，无须施加额外的行政压力即可推动相关部门和人员处理政策漏洞。

比如，2017年临朐县根据中央和省市的统一部署，对精准扶贫等惠民政策开展专项督查，其最为重要的政策工具便是大数据比对。临朐县纪委运用市大数据监督检查应用平台，对教育、民政、人社、城建、农业、卫生、计生、房管、林业、残联等业务主管部门的13类惠民政策（其中6类与精准扶贫领域政策交叉）进行了监督检查，高效、便捷地完成了督查任务。

在长效机制的建立中，技术赋权提高了制度化水平。当前，有效的监督措施几乎都离不开对现代技术的运用。电子政务的普遍推行，使得行政过程在相当大程度上并不由行政人员控制，而是由政务系统这一无法更改的“系统官僚”控制。[①]这极大程度地减少了行政人员的自由裁量空间，客观上强化了技术监督。临朐县在清理规范农村“三资”管理的工作中，提出监督长效化的重要措施便是全面普及“三资”管理电算化，通过数据处理的自动化来提高监督质量。

纪检监察工作的特殊性及纪检监察机关的独特地位，使得其监督更具政治统合色彩。无论是制度化动员机制，还是中心

① 叶娟丽、马骏：《公共行政中的街头官僚理论》，《武汉大学学报》（哲学社会科学版）2003年第5期。

工作机制，均表明监督机制有赖于政治统合。不过，纪检监察监督同样遵循行政科层化的基本逻辑。技术赋权在监督过程中的广泛运用，表明政治统合并不排斥行政理性。已经制度化了的动员机制，以及早已融入基层治理实践中的中心工作机制，本身具有行政理性化精神，再加上技术赋权的强化，纪检监察监督的制度化特征则更为彰显。

县级纪检监察监督的功能

纪检监察监督不仅有制度化、规范化及程序化的动力，而且作为政治机制的重要一环，其在驱动县域治理现代化中的作用也很明显。从临朐县连续三年开展的清理规范农村集体“三资”管理工作中可见，纪检监察监督在推动农村财务管理现代化的过程中，发挥了关键作用，这主要体现在决策科学化、政策执行规范化、政策结果制度化三个方面。

决策科学化

县纪检监察机构实行双重领导及党政合署办公体制，这使得其在县域治理决策过程中，集参谋、集体决策及监督等多重身份于一体。当地基层干部打了一个比方：如果说组织、宣传、统战等工作部门是党委的“亲儿子”，则纪委是党委的“亲弟弟”，两者关系密切，却非完全意义上的上下级关系。党委重大决策，均需征求纪委意见，否则决策的合法性及其实施效果，很可能会大打折扣。从清查规范集体“三资”管理决策来看，监督驱动的决策科学化主要表现在以下方面。

一是议程设置的动员模式。议程设置的动员模式指的是由决策者主导、民众参与度高的议程设置过程。[①]与关门模式相比，动员模式既可提高问题认识的准确性，亦可在执行议程的过程中获得民众认可，减少阻力。随着群众动员被纳入制度化渠道，其难以持续的缺点被极大克服。因此，动员模式是一种较为科学的议程设置方式。县级纪检监察机构主导议程设置，既了解党委政府的路线、方针、政策，熟悉县级治理的决策流程，又有了解民意的畅通渠道，必要时还有丰富的政策工具动员民众参与，在运用动员模式上有天然优势。县纪委在主导规范集体

① 王绍光：《中国公共政策议程设置的模式》，《中国社会科学》2006年第5期。

“三资”管理的议程设置过程中，便一方面开辟民众参与渠道，如运用信访举报件信息，多次实地调研；另一方面则严格遵循决策流程，通过口头汇报和正式报告获得批示，维护县委书记的决策权威。

二是决策过程中的民主集中制。民主集中制既是党内政治生活的基本规范，亦是县域治理实践中科学有效的决策模式。在县域治理实践的过程中，县委常委会是最高决策机构。常委会成员有集体讨论、发表意见的权利，在与县委书记意见相左时，还可保留意见。县纪委书记作为常委会一员，可参与集体决策，同时，职务身份也使得其督促县委书记遵循民主集中制。县纪委虽主导了规范集体“三资”管理的议程设置，并获得了县委书记的支持，但最终的决策仍然是通过县委常委会的集体讨论形成的。

政策执行规范化

纪检监察监督是县域治理规范性的保证。在消极意义上，它是县域治理体系的调节机制，作为发现政策“漏洞”的专责机关，纪检监察机构承担了诸多政策纠偏工作。在积极意义上，它是县域治理能力提升的重要动力机制，在重点工作的推动中具有难以替代的作用。具体而言，监督主要在以下两方面推动县域治理现代化。

一是对人监督。在县域治理实践中，对人监督的实质是对政策执行者的监督。基层政策执行者往往具有实际政策制定能力，这既可能更好地促成政策目标完成，亦可能导致政策偏差。对人监督恰恰起到了纠偏作用。一方面，如临朐县纪检监察人员常言，纪检监察工作并非给监察对象“找碴儿”，而是为其顺利工作保驾护航。按照临朐县某纪检组长的说法，纪检部门的意见是“预防针”和“防火墙”，基层政策执行者如获得了纪检部门的“背书”，往往可以放心大胆地执行政策，甚至将此作为“尚方宝剑”提高政策执行力度。

另一方面，通过对人监督防止政策执行偏差，确实是监督的重要功能。2016 年以来，临朐县纪委加强运用监督执纪“四种形态”，使得约谈成为监督的主要方式，并借此实现政策执行规范化。2017 年，临朐县纪检监察机构运用“四种形态”处理党员干部 3357 人次，第一种形态占比达 85.58%。

二是对事监督。在县域治理实践中，对事监督主要包括两个方面：①对县委县政府确定的重点工作的执行过程进行监督，保证县委县政府的决策意图得以实现；②对常规性的重要行政业务进行监督，保证科层目标的实现。其中最为重要的是对某些重要政策问题进行系统性“清查”，重新建构新的政策执行体系。[①]比如，在临朐县纪检监察机构介入之前，农村“三资”管理的政策执行体系具有典型的多头管理特征，经管、审计、民政、纪检等部门各司其职，从而制造了政策执行的“孤岛”现象。而纪检监察机构通过监督，不仅整合、协调多个部门对积累已久的问题进行了清理，而且还通过建立农村集体“三资”管理工作领导小组，整合、协调各部门重新规范政策流程，构建了新的治理体系。

据统计，2015—2017年间，临朐县纪检监察机构通过“对事监督”重构的相关政策体系有：农村“三资”管理体系、支农惠农资金监管体系、医疗卫生行业不正之风预防体系。无论是对人监督还是对事监督，其本质都是整合自上而下和自下而上的政策执行体系。也正是在这个意义上，政策执行规范化并非完全秉持“完美行政”的理念，亦非一味讲究政策灵活性，而是以行政调适性为基本准则，在保证决策意图贯彻落实的前提下，合理化政策执行体系。

---

① 党的十八届中央纪委第三次全会强调，“各级纪委要深化‘三转’，用铁的纪律打造纪检监察队伍”。但从对临朐县的调研来看，在推动农村集体“三资”管理规范化的过程中，当地纪检监察机构一开始仍然冲在一线，如主导议程设置、进行问题识别等。但在具体执行过程中，随着工作的推进，具体工作由农业经济管理等专业部门主持，当地纪检监察机构慢慢聚焦于纪检监察监督等职责主业。

政策结果制度化

在县域治理实践中，纪检监察监督并不以挑战者的面目示人。恰恰相反，它是县域治理体系的维护者。单单看纪检监察机构的反腐败工作，党的十八大以来全国各地立查案件数量不断上升，给人造成的印象似乎是现有的治理体系出现了较大不稳定性。但从县域治理实践逻辑看，监督嵌入县域治理体系中，反腐败成效很可能说明县域治理体系具有较强的自我调节能力。

信访举报不易受外在因素干扰，这使得信访举报数据更具有指标意义，更容易反映县域治理体系的运转情况。由于信访举报一度是纪检监察工作的“入口”，是最重要的线索来源，所以信访举报与反腐败趋势长期保持一致。

从临朐县的数据看，党的十八大以来的反腐败确实呈现出持续高压态势，但信访举报在短暂波动后，回归到了党的十八大之前的水平。其原因在于，临朐县的县域治理体系总体上维持稳定，但监督的力度不断加大，通过巡察和专项督查发现的问题线索逐渐上升。

仍以农村集体“三资”管理的规范化过程为例，临朐县纪检监察机构在 2015—2017 年连续三年加大农村“三资”管理监督执纪力度，共立查案件 325 件，处分 347 人。仅仅是这一项工作，就提高了不少反腐力度，但也意味着针对此问题的信访举报将同步下降。换言之，临朐县在保持县域治理体系总体平稳的同时，局部监督的结果也逐渐制度化。具体而言，监督结果的制度化主要包括三个方面。

一是临时性工作机制的常态化。通常而言，监督“清查”工作具有临时性、阶段性特征，这意味着政策缺乏稳定性和持续性。但是，一些行之有效的工作机制被创设出来以后，往往会嵌入常态工作之中。在临朐县农村集体“三资”管理规范化过程中，几个临时性工作机制以制度形式留存下来，如农村集体“三资”管理工作领导小组取代县经管办，成为“三资”管理的最高领导机构；农村集体“三资”清理规范巡查组常态化，成为纪检监察机构的日常工作；配合清理规范工作的农村集体“三资”审计，亦成为常态化工作机制。

二是动员机制的制度化。纪检监察工作具有极强的政治内涵，它本身就属于政治机制的一部分。但是，监督过程却高度遵循政策循环路径，与行政科层化相互匹配。因此，通过动员完成的监督，最终很容易转化为行政制度的一部分。比如，几乎所有的政治巡察和专项督查结果，最终都会反馈给督查对象让其整改，以完善治理形态。纪检监察监督的重要功效是，通过有效的行政动员，激活既有制度，重新确立行政职能。临朐县持续三年的“清查”规范农村集体“三资”管理工作，最终强化了乡镇经管站的职能和行政配置，理顺了村级民主理财小组的制度设置及功能定位。

三是技术赋权的理性化。纪检监察工作是一项极为严肃的、注重“证据”的工作，这使得监督也极为重视现代技术在信息收集整理及证据链形成过程中的关键作用。客观上，繁重的监督工作也迫使纪检监察机构更为重视对现代技术的运用。如此也不难理解，大数据比对会成为县级纪检监察机构专项督查、精准扶贫等惠农支农政策的技术依赖，以及推动电算化和银行直达制度等成为农村集体“三资”管理的重要举措。本质上，技术赋权不仅会增强监督效果，更会转化为制度化、规范化和程序化的行政技术。在认识到大数据比对的作用后，临朐县各部门在实施支农惠农政策的过程中，均运用相关数据平台，提高政策瞄准率。

纪检监察监督在县域治理实践中关联了政治机制与行政机制，使其在县域治理现代化进程中发挥了独特功能。纪检监察机构的政治机构属性，使之更容易使用政治统合机制，包括它本身拥有制度化动员渠道，更容易将部门意志上升为最高决策意图，其监察权也使得它更容易统合党政部门。同时，纪检监察的工作属性意味着它天然具有维护县级治理体系稳定性和完整性的功能，其工作过程也更为注重规范化、程序化和制度化，这都与行政理性化一样具有亲和力。如此，纪检监察监督通过全方面介入县域治理实践，推动了县域治理现代化。

小结

县级纪检监察机构是县域治理实践中党政体制的重要组成部分，监察权既服务于管辖权，是县级党委权威一统性的表现，亦嵌入治理权，是县域治理有效性的保障。研究显示，纪检监察工作嵌入县级治理体系中，形成了完备的具有全覆盖特征的监督网络。纪检监察机构在县域治理体系中的独特地位，使得其监督并不属于县域治理的任何一个层级，也不属于政策过程的某一阶段，其监督对象是县域治理体系及政策全过程。因此，就监督的实施而言，它与县域治理的政策过程高度匹配，构成一个完整的监督循环。

纪检监察机构之所以能够实现监督循环，得益于制度化动员及中心工作等政治驱动机制，亦得益于技术赋权。正因为纪检监察监督连接了政治机制及行政过程，所以其在推动县域治理现代化过程中具有难以替代的作用。简言之，县纪委拥有参与决策的地位、群众动员的制度化渠道以及维护党纪国法权威的职能定位，所以容易运用政治统合机制推动行政理性化。

可见，纪检监察机构在维护县域治理体系的完整性和稳定性方面具有重要作用，纪检监察监督在推进县域治理体系和治理能力现代化过程中亦是重要的动力机制。与一般理论假设不同，政治统合机制并非一种非正式的运作机制，也不是一种非制度化的行政整合，与行政机制间并不存在泾渭分明的界限。在县域治理实践中，恰恰是政治机制在有效推动着县域治理现代化。

9 监督下乡与合规化运动

近年来，基层治理发生了两个引人瞩目的变化。一是基层进入了超负荷治理的状态。在田野调查中，基层干部常用“白 + 黑”和“5+2”来形容其工作状态。这一状态源自基层的“多中心工作”格局。脱贫攻坚、环境治理、扫黑除恶、预防重大风险等，均属于国家治理中的攻坚事项，而各地亦还存在招商引资、美丽乡村建设、疫情防控等重点任务，也需要集中投入治理资源。

二是基层出现了监督下乡运动。在农村税费改革以后，基层治理和农村建设大量依赖国家财政转移支付，监督力量开始密集下乡，以达到规范资金使用和权力运作的目的。[①]

中国特色的监督体系包括纪律监督、巡视监督、人大监督、民主监督、审计监督、统计监督、司法监督和社会监督等各个系统。而国家纪检监察体制改革，建立了对人监督和对事监督的全覆盖监督体系，基层被全方位地纳入了监督视野。既有研究主要是从基层超负，尤其是官僚主义、形式主义、痕迹主义等意外后果出发，来理解监督下乡这一现象。但是，监督下乡的本意并不是制造基层超负。

当前，基层治理进入了一个堪称合规化运动的时期。监

---

① 贺雪峰、郑晓园:《监督下乡与基层治理的难题》,《华中师范大学学报》(人文社会科学版)2021 年第 2 期。

督下乡是推动国家治理制度化的重要机制，基层减负本来就是监督的目标之一。我们需要明白的是，监督下乡的内在逻辑是什么，如何理解基层合规化运动及其产生的后果。

监督下乡

通常而言，国家治理负荷是因治理规模而产生的，而治理规模又取决于地理空间和人口规模、治理内容和治理形式。[1]地理、人口规模和治理内容，需要与治理形式相匹配。长期以来，基层干部将基层体制描述为“上面千条线、下面一根针”。这一隐喻表明，基层承担着大量的国家治理事务，但也具有相应的自由裁量权。基层通过“策略主义”逻辑化解了诸多治理负荷。

监督下乡显然是国家治理体系变化的重要表现，其对基层治理的影响已然显现。在田野调查中，有些地方的基层干部用

① 周雪光:《国家治理规模及其负荷成本的思考》,《吉林大学社会科学学报》2013 年第 1 期。

“上面千把刀、下面一颗头”来形容基层工作状态。其要表达的意思是，基层干部的主观压力可能并不仅仅在于客观上的治理事务的增加，还在于因监督下乡所导致的额外负担和精神压力。由此可见，监督下乡本身是基层超负荷运转的重要因素，有关监督制度要真正成为国家治理体系中的一项稳定有效的制度安排，还有很多理论和实践方面的问题亟待解决。

基层超负是监督下乡的意外后果。从根源上说，监督内涵的清晰与标准化原则和基层治理的模糊、琐碎和非标准化特征之间存在张力，监督下乡让基层治理无所适从。遵循国家治理体系变迁的思路，理论界主要从两个角度分析了监督下乡对基层治理的影响。

一是从府际关系出发，认为监督下乡本质上是“上下博弈”的表现。[①] 尤其是在一些重点任务中，纵向施压、考核评估、督察问责等监督机制，极大程度上改变了政府间的上下级关系，迫使基层通过“内容形式化”和“形式内容化”来弥合监督下乡与基层社会间的张力。[②] 在实践中，监督下乡让基层治理从

---

① 文宏、李慧龙：《府际关系视角下基层形式主义的本质与逻辑重思》，《探索与争鸣》2019年第11期。

② 陈辉、陈晓军：《内容形式化与形式内容化：精准扶贫工作形式主义的生成机制与深层根源》，《中国农村观察》2019年第3期。

折叠型向科层压力型模式转变，在触发基层治理复杂性后，产生了形式主义问题。[①]

二是从权责关系的角度出发，认为监督下乡制造了权责分立，在风险压力下，基层政府行为从“邀功”转向“避责”。[②]基层治理中的权责错位和官僚制的副功能、国家治理视角的“狭窄性”一道，导致了基层痕迹主义的兴起。[③]

从全球公共治理经验看，国家越来越注重运用公共权威、规则和制订标准来提供服务，现代政府功能的扩张主要体现在监管领域。在这个意义上，现代国家是一个“监管型国家”。[④]中国在监管型国家建设的过程中，在与国际接轨的同时，也体现了中国特色，如监管日益依赖正式规章制度，以及监管的独立性日益增强。[⑤]在国家强化了对私人部门监管的同时，政府内部的监管也得到了迅速发展。

---

① 彭勃、赵吉:《折叠型治理及其展开：基层形式主义的生成逻辑》,《探索与争鸣》2019年第11期。

② 倪星、王锐:《权责分立与基层避责：一种理论解释》,《中国社会科学》2018年第5期。

③ 颜昌武、杨华杰:《以“迹”为“绩”：痕迹管理如何演化为痕迹主义》,《探索与争鸣》2019年第11期。

④ ［英］胡德等:《监管政府：节俭、优质与廉政体制设置》，陈伟译，生活·读书·新知三联书店2009年版，第2页。

⑤ 刘亚平、蒋绚:《监管型国家建设的轨迹与逻辑：以煤矿安全为例》,《武汉大学学报》（哲学社会科学版）2013年第5期。

从“监管型国家”的视角出发，无论是对私人部门的监督，还是对政府行为的监督，都服务于国家治理的制度化和规范化建设。事实上，监督下乡可谓一场基层治理领域的合规化运动。基层治理是国家政权建设的重点领域，近代以来国家政权建设的重心便是将基层事务纳入官僚体系内，而今“监管型国家”的建构自然包括对基层治理行为的规制。

监督下乡往往伴随着基层超负现象——监督者和被监督者都围绕合规性而投入治理资源，且相互博弈。可见，监督是有成本的，评价基层合规化的成效，除了考虑国家监督体系是否科学完善之外，还需要考虑国家治理体系所付出的成本。据此，基层合规化水平可以用一个公式来表达：“合规化水平 = 可监督性 / 合规性成本”。

基层政府行为的合规化，是监督下乡的制度目标。它指的是基层政府按照国家规定的公共权威、规则和标准来开展治理活动。合规化的治理活动兼顾合法性和有效性，它不仅能够有效完成各项治理任务，而且还能够为群众提供节俭、优质的服务，获得群众的认可。

可监督性是监督下乡的制度工具，指的是监督方式具有科学性。这取决于三个要素：①国家所运用的公共权威、规则和标准，应该明确而稳定；②监督方法能够满足有效地搜集基层信息；③监督的结果具有可问责性，可以通过奖罚分明的措施矫正基层政府的行为偏差。

合规性成本则是监督下乡的基础，指的是国家治理体系为了达到制度化和规范化所需要付出的制度成本。大致而言，合规性成本主要源自两个方面。一是监督力量的运转成本。“监管型国家”意味着政府内部需要建立完备的监督力量，包括巡视、督查、审计、检查、评估、考核等。并且，一旦国家治理的逻辑从直接治理转向间接治理，建立独立的监督力量以加强对基层的约束就难以避免。二是基层为了满足监督标准而付出的制度成本，包括在合规性证明（如迎检、留痕、报告等“自证清白”的措施）过程中所消耗的治理资源。

合规化水平是可监督性和合规性成本共同作用的效果。可监督性越强，合规性成本越低，合规化水平就越高；反之，合规化水平就越低。

基层治理的合规化过程

政府组织是一个典型的科层制结构，不同层级的政府部门间是一个“命令—服从”控制系统，这一系统的实现依赖于明确的程序、规则和标准。在这个意义上，监督是科层制有效运转的制度要件。在控制权理论看来，控制权可以分为目标设定权、检查验收权和激励分配权三个维度，诸种控制权在不同层级政府间的分配，导致了迥然有异的政府治理模式。[①] 近年来，随着国家监督体系嵌入了政府治理体系，检查验收和问责紧密联动从而获得了政治属性，出现了问责总领下的新权力结构。[②]

可见，基层政府的合规化过程与政府间的上下级关系模式有密切联系。在以分权为特征的治理模式中，政府治理实行分级管理模式，各级将治理目标层层分解，逐级执行。围绕治理目标的实现，基层享有激励分配权，依据地方实际选择合适的方式开展治理活动。又因上级主要关心目标的实现，检查验收服务于目标设定，这使得上级的监督具有鲜明的绩效监督特征。

---

① 周雪光:《中国政府的治理模式：一个“控制权”理论》,《社会学研究》2012 年第 5 期。

② 何艳玲、肖芸:《问责总领：模糊性任务的完成与央地关系新内涵》,《政治学研究》2021 年第 3 期。

在以集权为特征的治理模式中，政府治理倾向于采取直接管理模式，一些重要的事务采取垂直管理模式，其目标设定、检查验收和激励分配都由上级部门掌握，基层主要协助上级部门开展治理活动。客观上，直接治理意味着治理负荷急剧加大，在常规状态下难以通过直接命令来实现治理目标，绩效问责制并不容易实现，转而采取严格的合规性监管。比如，多数执法部门实行不同程度的垂直管理，上级往往会出台一系列的执法规范和流程，并建立专门的法制部门，对基层执法的合规性进行监督审查。

因此，基层治理的合规化过程，主要是通过两条路径来实现的。

一是通过对政府治理模式的调整，典型表现是通过垂直管理技术，将部分基层事务纳入上级直接管理范畴中，并建立严格的操作流程和合规审查，对基层治理（尤其是执法）建立事前、事中、事后的监督闭环。

二是通过健全完善独立于政府治理的监督体系，通过监督下乡，将基层治理活动纳入监督范围中。概言之，基层监督体系并不依附同一治理层级的目标设定权，而是通过问责总领检查验收和政治责任规制基层治理。根据政府治理模式和监督模式两个维度，我们可以建立基层治理合规化的理想类型（见表

9-1）。

表 9-1　基层治理合规化类型

政府治理模式	监督模式	
	绩效评估	合规性监管
直接管理	I	II
分级管理	III	IV

从表 9-1 所示的基层治理合规化类型来看，传统治理模式主要存在 II 和 III 两种合规化类型。客观上，监督成本，尤其是对基层信息的搜集成本，本身就是治理负荷的重要表现。由于传统的治理技术比较有限，监督有难度，大多数治理事务是通过分级管理来完成的。并且，在分级管理的过程中，也只能采取有限监督——检查验收来实现目标管理，并没有能力实现对基层事务的合规性监管。甚至于，绝大多数检查验收都面临信息不对称的难题，在监督过程中容易出现基层共谋共同应付上级检查考核的现象。

中华人民共和国成立以来，在中央和地方关系上出现过多次“集权—放权”的政治周期。但深入其中可见，政府的分级管理模式始终未变，“集权”主要体现在执法、市场监管等国家治理的重要事务上。但是，在直接管理下，如果仅仅采取绩效评估办法，很可能导致权力滥用。比如，执法部门容易为了绩效目标，出现趋利执法，基层的权力滥用就会直接影响上级权威。因此，上级政府一旦采取直接管理措施，往往就都需要建立一套完备的合规性监管力量，用以监督基层治理的合规性问题。一些执法权相对集中的部门如公安等，几乎都在部门内部建立相对独立的执法监督单位，其主要职能便是对基层执法单位进行合规性审查。

但相对独立于“命令—服从”系统的监督系统，则为上级统辖权和基层治理权的双强化提供了可能性，即上级统辖权的实现可以不用通过直接下达命令，或是直接掌握治理权来收权，而是可以在下沉治理权的同时，增强问责权，从而保证治理目标的实现。换言之，监督系统的完善，使得基层的所有治理过程都有可能纳入合规性监管的范畴内。这也就意味着，监督下乡制造了合规化类型 IV，基层监督范围大大扩展。

监督下乡更重要的影响是，相对独立的监督力量改造了原有的监督模式。尽管绩效评估仍然在起作用，但在部门的检查验收权和督查、纪检监察等监督力量加强了联动之后，绩效考核的可问责性大大加强。而监督力量的极大加强，使得原来的合规性监管的标准更高，部门内部的监管也处于监督之下。

只不过，一旦面向基层的监督体系全面建立起来，基层监督活动变得异常活跃之后，可监督性和合规性成本的影响就会随之而来，基层合规化效果的评估也就成了基层治理的重要内容。

基层治理的可监督性建构

近年来的监督下乡塑造了合规化类型 IV，其特点有二：一是以“问责”为总领，对基层治理过程进行合规性审查，其目的不仅在于绩效评估，还在于过程监管；二是跨级监督，监督主要不是源自直接上下级之间的检查验收，而是源自跨级且相对独立的监督力量。

在以绩效评估为主要目的的监督方式中，其要求是评估和考核的标准明确而稳定。事实上，以 GDP 为典型的基层治理绩效评估，已经发展出了一套相对科学的指标体系，乃至于支撑起了压力型体制和锦标赛体制等重要的政府治理机制。甚至于在很多情况下，检查验收和激励分配并不直接挂钩，这为基层上下级政府间的信息沟通提供了空间。概言之，如果检查验收所收集的基层信息有误，不能反映基层工作实际，那么基层可以和掌握激励分配权的上级部门沟通，避免因奖罚不分明影响绩效评估的可问责性。

但跨级监督下的合规性监管，给可监督性带来了重大挑战。基层合规化的实施，主要是提高合规性监管的可监督性。

明确和稳定的监督规则和标准

基层政府需要处置大量的细小琐碎且无法分类的“剩余事务”，具有兜底部门的特征。[①] 基层治理一旦被纳入全覆盖、全过程的监督视野中，就意味着大量的“剩余事务”将被纳入合规性监管。

“剩余事务”监督标准的设定面临两难。如果采取定性监督，则意味着要时常保持监督“在场”，确保监督者能够正确评估基层事务的合规性效果。由此，必然意味着监督方式需要多元，监督的频率不断增加，监督的标准也可能因时因地而变化。这也就意味着，监督者和被监督者很可能因为监督标准无法达成共识而陷入内耗之中。而如果强行采取定量监督，明确

① 吕德文:《兜底部门的运作逻辑》,《南京社会科学》2018 年第 4 期。

监督标准并使之保持相对稳定，则很可能导致监督流于形式或无法真正反映基层实际。

因此，明确和稳定监督规则和标准，核心是对“剩余事务”的监管进行标准化处置。在实践中，政府治理的流程再造和权力清单制度，都属于明确和稳定监督规则和标准的做法。前者表现在基层将大量的为民服务事务纳入便民服务中心，通过标准化的流程，将过去普遍存在的模糊治理清晰化。后者则表现在政府权力乃至于村级权力都通过清单的形式加以明确，且通过公之于众来规定权力运作的边界。即便如此，绝大多数“剩余事务”还是很难被量化并匹配明确的监督标准，由此定性评价就成了主要监督标准。

提高监督信息的收集能力

由于基层治理的信息庞大，且多数是属于未能有效认证的信息，故而当前的跨级监督致力于建立便捷、完整的信息通道。一方面，传统的信息收集方式如现场检查、调查，基于档案的台账、报表、图片和报告，以及对群众信访、舆论监督的运用，得到了更加完善的运用。另一方面，以互联网技术为基础的系统平台、App 等得到了广泛运用。

本质上，无论是传统的文书档案技术还是互联网技术，都具有技术治理的特征，其核心是用规范化、标准化、专业化、智能化的技术方法对基层的模糊信息进行分类统计，从而服务于合规性证明。

但是，技术治理并不适合所有的基层治理场景，尤其是在街头、村庄等治理场域中，而且在农民生活领域还存在诸多不可识别的信息。如此，技术治理的反向适配普遍存在，即基层为了满足上级信息收集规范化要求，强行扭曲真实的治理活动。

在实践中，监督力量的信息收集主要依赖三个渠道。其一，监督者通过积极主动的信息探测来获得被监督者的信息，巡视、督查、检查等监督方式，都属于此类。这些监督方式，都需要到现场观察基层治理活动，检查档案记录是否反映真实治理活动，直接和被监督者沟通交流以探测其对基层治理活动的评价和态度。

其二，被监督者根据有关合规性监管的制度要求，主动提供信息。大多数的行政监督和专业监督，比如统计监督和审计监督，都依赖于被监督者的“自我监督”。这些监督信息并不是监督者主动或临时探测获取的，而是被监督者为了达到合规性要求（如认证、授权等）而提供的信息。

其三，监督者通过利益相关方获得补充性的监督信息，媒体报道、内参、信访等都属于此类。从政府内部监督看，社会监督信息的多少，取决于监督者积极探测信息需求。事实上，监督部门在主动探测被监督者信息的过程中，一般都会辅助举报和信访的渠道，以便掌握更多的基层信息。如第 8 章所示，县级纪检监察机关主要依赖信访信息发现腐败线索，并通过数据分析识别基层监督漏洞，从而采取措施提高基层治理的合规化水平。

增强监督结果的可问责性

在国家监督体系中，监督的可问责性往往取决于监督的权威性。而权威性又源自两个方面，一是纪检监察和督查等政治监督在基层治理中占据了愈来愈重要的位置，甚至于原属于政府内部的合规化努力，也逐渐被纳入了政治监督体系中。其显著表现便是纪检监察机关在乡村两级建立了独立而完整的监督体系，原属于村民自治“自我监督”范畴的村务监督委员会，也逐渐被纳入了纪检监察的轨道，而乡镇的纪检监察也实现了专职化。

二是跨级监督成了基层监督的重要方式。基层处于国家监督体系的最末端，几乎所有的监督内容，所有层级的监督力量都会下沉到基层。如此，基层既是治理的最末端，也是监督的最末端，当然也是压力的最末端。尤其是在“四不两直”（不发通知、不打招呼、不听汇报、不用陪同接待、直奔基层、直插现场）等检查方法，以及暗访、抽查等监督方式得到广泛运用后，多层级监督在基层已是普遍现象。

在这个意义上，和过去的监督相比，当前基层监督体系最重要的变化便是可监督性极大增强。一般情况下，政治性越强，层级越高的监督，可问责性就越强。由此，基层监督具有“问责叠加”和“问责扩大”的特征。基层的合规性审查如果出了问题，那么无论是哪一个监督部门实施的，都可能会面临党纪政纪、法律等全方位的问责。如果某个地方的某个方面被较高层级的监督部门发现了合规性问题，那么在“照单全收、举一反三”的原则下，不仅该地要针对被监督到的问题进行整改，而且同一地区和系统的其他单位也要同步整改。

在实践中，因可问责性过强，进而出现了基层避责行为。而客观上，基层超负的现象，很大程度上是监督可问责性大大增强所产生的意外后果。

基层合规性成本及其表现

在基层的合规性监管过程中，尽管并不是每一种监督方式都能够实现监督标准的明确性和稳定性，也并不是在任何情况下都能探测出足够的监督信息，但由于可监督性足够强，乃至于可以在标准不明、信息有限的情况下，作出有足够震慑力的奖惩措施，这使得基层治理过程普遍需要考虑合规性证明。

可监督性是如此有力，以至于成了政府控制权的核心，各级政府普遍建立了“通过监督进行治理”的机制。

一是在地方党政体制中，建立了以问责权为核心的工作推动机制。在传统治理体系中，地方党委政府的管辖权和基层党委政府的治理权相对分离，并通过目标设定、检查验收和激励分配的控制权分配，来构筑不同的上下级关系。但在党和国家监督体系建构完成以后，问责权成了地方党委政府管辖权的重要政策工具，它使得上级党委政府可以在基层治理重心下沉的同时，仍然可以借问责有效规制基层治理活动。

田野调查发现，纪检监察和督查等监督部门都有“服务大局”的职能，在地方的重点工作，尤其是关系大局的中心工作的实施过程中，监督力量成了督促任务完成的重要保障。在这个意义上，监督已经内置于基层治理体系中，内嵌于政策全过程，不仅在政策评估环节发生作用，而且在议程设置、政策制定、政策执行等各个环节，都在发挥作用，基层治理体系具有鲜明的“监督内置”特征。

二是在基层政策执行体系中，出现了“监督权建构＋治权下沉”的新型条块关系。在问责权的总领下，县级各职能部门为了更好地完成本部门管辖的业务，都倾向于将本部门的工作变成县党委县政府的重点工作。一旦部门业务上升为地方党委政府的重点任务，不仅监督部门会内置于政策执行体系，督促基层完成任务，而且职能部门也可以借此督促乡镇完成任务。由此，职能部门从之前的业务承办部门，转变为专司监督业务完成情况的部门；而乡镇政府则从过去配合业务部门在条块合作下完成任务的角色，转化为独自承担任务的角色。

乡镇政府在“多中心工作”的格局中，独自承担的治理任务较多，且面对各个职能部门和专门监督力量的多重监督，合规性证明工作量也较大。在此背景下，绝大多数地区都通过不同形式重新建构了乡村工作共同体，即乡镇通过职业化、坐班制、薪金制等办法，利用管区、总支、驻村、联村等工作机制，建构乡村两级的责任共同体。由此，村级组织普遍出现了官僚化趋势。

由于合规性证明的工作越来越多，无论是对于专门的监督部门，还是职能部门，抑或基层政府，其合规性成本都有了极大的提升。由于监督任务较多，专职监督部门也需要从基层和职能部门抽调相关人员。比如，党委巡察和各项重大任务的专项督查，一般由纪检监察机构或党委政府的工作小组组织和领导，监督方案的制订及组织协调由设在有关部门的巡察或督查办公室承担，但监督任务的实施却需要临时抽调人员来承担。

有些部门监管的任务比较繁重，但这些监督事项具有常规性，或者说有比较强的专业性，导致职能部门无法充分履行监督责任。由此，这些职能部门面临着问责压力大和监管能力有限之间的矛盾。为了解决这一矛盾，基层治理领域出现了“监督外包”现象，即有关职能部门通过政府购买服务的方式，让市场上的第三方承担政策评估工作。很多部门为了充分利用第三方政策评估成果，往往会诱导第三方寻找基层“问题”，并将政策评估的结果进行排名，乃至作为激励分配的重要依据。比如，在脱贫攻坚实施过程中，第三方评估是一项重要的制度设置，各地在实施过程中往往可能将达标评估转化成竞争性评估，通过排名等方式以及赋予奖惩机制，将评估转化成问责。

基层为了回应监督机构和职能部门的合规性要求，采取了一系列措施加以应对。

一是积极提供合规性证明。基层普遍建立了“自我监督”机制，即依据有关的合规性要求自我审查，并通过痕迹管理还原基层治理过程。其典型表现是，近些年来基层治理中的“内务”工作持续增加，会议、台账、材料等工作量急剧加大，甚至于村级治理中的“内务”工作也变得不可或缺。过去，村两委只有文书一人从事“内务”工作便足以实现村级治理的合规性证明；现如今，除了传统的财务外，便民服务的各项工作都需要文字材料，村两委需 2～3 人专门从事“内务”工作，甚至于“监督外包”也导致了合规性证明的外包。比如，有些地方的农村“三资”管理，专业监督部门如审计部门，一般请第三方开展监督和离任审计；“三资”管理部门（农业经济管理部门）则请第三方会计公司做账；而村级组织往往也是专门聘用兼职会计来整理账目。

二是消极避责。基层治理中的选择性政策执行是普遍存在的现象。只不过，在锦标赛体制下，基层选择性政策执行的主要逻辑是“邀功”；但在问责总领的治理模式下，基层选择性政策执行的主要逻辑是“避责”。基层治理从“邀功”到“避责”的变化，本质上是基层超负的结果。只要合规性成本比较高，或者问责风险比较大，哪怕是激励充足，基层政府也很可能趋向于“不作为”。

在监督下乡过程中，国家监督体系的运转以及基层的合规性证明活动，是有一定的制度成本的。前者主要表现在，监督部门和上级职能部门在履行监督职责的过程中，需要额外抽调人员或通过“监督外包”开展检查督查考核等监督活动。基层在开展治理活动的过程中，有明确的合规性考量，合规性证明活动已经是必要的基层治理成本。

合规化效果及基层超负

基层治理的合规化效果，是可监督性和合规性成本相互作用的结果。一般情况下，可监督性越强，合规化程度就越高；而合规性成本越低，监督效果就越好。但是，如表 9–2 所示，可监督性和合规性成本间有不同的组合，进而产生不同的合规化效果。

表 9-2　合规化效果

可监督性	合规性成本	
	高	低
高	A	B
低	C	D

合规化效果 A：可监督性和合规性成本都高。在这种情况下，基层治理活动的规则虽然明确，且上级也能有效监控基层，并对此采取奖罚分明的措施，但监督者和被监督者均付出了较大的合规性成本，基层的合规化水平具有不稳定性。

合规化效果 B：可监督性高但合规性成本低。在这种情况下，基层治理活动的规则明确、信息透明且评价客观，监督者和被监督者都无须付出额外的合规性成本。在多数情况下，基层处于“自我监督”的状态之下，其治理活动本身就能够实现合规性证明。因此，基层合规化水平高。

近年来，政府通过流程再造等方式，对一些基层事务实现了合规化改造，即基层在任务完成的过程中，实现了自动留痕和合规性证明。比如，基层政府通过建立便民服务中心，利用互联网技术，实现了“前台”和“后台”、“线上”和“线下”的分离和联动，把行政审批、认证等事务，乃至于为民服务事项（如社保、低保）进行了标准化改造，既方便了基层治理展开，又方便了群众，还降低了合规性成本。

合规化效果 C：可监督性低但合规性成本高。在这种情况下，监督者无法提供一套清晰的操作规则和标准，亦无法有效获取基层的信息并作出合理的奖惩措施，但基层却需要做大量的合规性证明工作，付出较多的治理资源，却无法预期监督的结果，这可以说是最为糟糕的合规化水平。

合规化效果 D：可监督性和合规性成本都低。在这种情况下，监督者虽然无法提供一套清晰可操作的规则和标准，也无法有效获取信息并作出奖惩措施，但基层亦无须做大量的合规性证明工作，其合规化水平具有不稳定性。

四种合规化效果在特定条件下可以相互转化。监督的方式、内容及问责结果的不同，会影响基层对合规性成本的投入。不同的监督系统和不同层级的监督，“可监督性”具有明显差别，也会对基层的合规性成本投入产生影响。因此，基层合规化水平总是处于动态均衡的过程中。

典型如 2013—2020 年精准扶贫领域的监督。精准扶贫是指针对不同贫困区域环境、不同贫困农户状况，运用科学有效的程序对扶贫对象实施精确识别、精确帮扶、精确管理的治贫方式。与过去开发式扶贫主要采用绩效评估的监督方式不同，精准扶贫的监督具有极强的合规性监管要求，它也经历了不同的合规化状态。

在精准扶贫的初期，对贫困户的识别以及脱贫并无清晰稳定的标准。经过一段时间的探索，才逐渐明确了“两不愁三保障”的定性标准，并在此基础上建立了量化指标，作为脱贫攻坚成效评估的依据。而为了有效监测脱贫攻坚成果，国家还建立了扶贫开发信息系统，基层扶贫部门则配置了数量庞大的信息员以维持系统运转。因此，在精准脱贫的中期，尽管可监督性大大增强，但基层的合规性成本也极高。这段时期，上级较高的问责压力和基层较高的合规性成本间暂时取得了均衡。到了后期，精准脱贫中的形式主义和官僚主义充分暴露出来，且脱贫摘帽评估基本完成，问责压力减少，基层的合规性成本才降低，精准脱贫的合规化水平有了较大提高。

总体而言，国家传统治理事务具有清晰、稳定和标准化的特点，其可监督性较高，基层应能够提供合适的合规性证明。但在国家职能扩张的过程中，模糊性任务成了国家治理的重要内容，一些过去由基层自行处理的“剩余事务”，也成了监督对象。通常而言，针对模糊性任务的治理难以标准化，对其监督也很难建立稳定的规则。因此，对模糊性任务的合规性监管，首先是要实现可监督性，并最大限度降低基层的合规性成本。

当前，在问责总领的背景下，模糊性任务被纳入了合规性监管视野。但从合规化内部视角看，问责总领仅仅解决了可问责性这一个维度的问题，而针对模糊性任务的监督，并不一定有清晰而稳定的标准，对这一任务完成过程和结果的信息探测，也未必充分和便捷。因此，模糊性任务的合规化效果存在不稳定性。如果在监督的过程中，逐渐将模糊性任务清晰化，或找到合适的监督方式，则合规化效果也会处于比较理想的状态。

但是，如果模糊性任务总是无法实现清晰化，而任务完成又总处于问责的压力之下，那上下级之间、监督者和被监督者之间就必定会围绕合规性耗费大量治理成本。而一旦合规性成本超出了基层承担能力，合规性证明超过了正常监督的需要，就会影响正常的基层治理活动，此时基层超负就产生了。

小结

近些年出现的监督下乡，是党和国家监督体系建构的结果。国家监督体系建构是国家治理合规化建设的制度基础。历史上，国家治理合规化是随着国家政权建设而展开的，即国家通过控制权分配和职责配置，来实现权力监督。在相当长的一段时期，对基层治理活动的监督主要通过检查、验收以及绩效考核来实现，监督活动附属于上下级之间控制与反控制的治理活动之中。

但在党和国家监督体系建构的过程中，基层合规化的制度逻辑发生了改变。首先，国家监督体系是一种和政府治理活动保持一定距离的相对独立的监督力量，并不等同于控制权中的检查验收权，而是综合了绩效评估和合规性审查的监督权。由此，基层治理体系出现了从结果管理到过程管理的转变。其次，国家监督体系和党政体制中的权威体系相连接，形成了以问责权为核心的监督运作机制。而问责权的存在，保障了对基层治理活动的可监督性。

基层合规化效果取决于可监督性和合规性成本。监督下乡推动的基层治理合规化运动，客观上是建立在可监督性提高的基础上的。而在实践中，可监督性往往是以问责统领为基础的。毋庸置疑的是，监督下乡在大多数情况下实现了基层治理合规化，比如基层治理有了明确的自我监督意识，国家治理的重要任务亦可在问责统领下成为基层治理的优先事项，基层的不作为和乱作为得到了有效规制。

但是，监督下乡将大量的模糊性任务引入基层治理活动中，无法保证监督规则和标准的清晰化和稳定性，亦不能保证信息探测的有效性，这影响了基层监督的可监督性。此外，在合规性证明过程中，无论是监督者还是被监督者，都投入了大量的治理资源。在一些模糊性的中心工作中，出现了合规性成本与可监督性之间不平衡的情况，基层超负荷状态成为基层治理的一大弊病。基层超负是合规化运动的意外后果，是合规化水平较低在基层治理中的表现。其实质是，在监督下乡的背景下，基层需要额外投入一定的治理资源用于证明其工作的合规性，这超出了基层承受能力。并且，对于国家治理而言，基层的合规性证明在很多治理场景中并不是必需的。

监督下乡有其深厚的制度基础及合理性，因监督下乡而延伸导致的基层超负等现象，是党和国家监督体系建构过程中的意外后果。这表明，国家治理监督体系要正视基层监督的可监督性和合规性成本的特殊性。在基层合规性建设过程中，尤其需要解决模糊性任务的可监督性问题，降低基层治理中的合规性成本。唯有如此，监督下乡才能真正实现基层治理合规化目标。

10 灰色秩序与依法治理

乡村治理现代化，法治化是其中的重要维度。乡村治理是国家治理的基石，亦是依法治理的薄弱环节；没有乡村治理法治化，就不会有国家治理现代化。本章将在经验分析的基础上，将乡村治理法治化视作一个社会过程，试图呈现这一社会过程的构成要素和实践机制。

送法下乡

法治化不仅是基层治理现代化的内在要求，也是乡村振兴战略的实施内容。自 1985 年全国性的“普法”工作开展以来，一场以法治建设“现代化方案”为主要特征的“送法下乡”[①]运动持续开展，并延续至今。只不过，乡土社会的地方性知识与法治建设的普适性之间始终存在矛盾。因此，乡土社会的法律实践往往借助于本土资源展开，“寻求国家制定法和民间法的相互妥协和合作”。[②]

① 苏力：《送法下乡：中国基层司法制度研究》，中国政法大学出版社 2000 年版，第 27—51 页。

② 苏力：《法治及其本土资源》，中国政法大学出版社 1996 年版，第 61 页。

以此为起点，人们对乡村治理法治化路径进行了激烈论争。一种观点认为，乡村法律实践本质上属于治理范畴。从基层司法过程看，它往往呈现出一种“反司法理论”，[①]乡村社会的法律实践并不总是遵循法治程序，而是充斥着各种策略和技术。事实上，乡村治理实践亦可宽泛地理解为国家政策执行或法律实践，它充满了策略主义特征，到处充斥着正式权力的非正式运作。

另一种观点却强调，乡村法律实践只属于法治范畴，法治具有普适性。哪怕是从乡村司法的理论出发，亦可看到“司法特殊主义”已经无法适应变迁中的乡土社会，反证出普适性的法治轨道的必要性。[②]近年来，“迎法下乡”的法律事实似乎印证了这一观点的预见性。[③]

客观上，当前乡村司法呈现出双二元结构形态：基层法官的司法有着法治化和治理化两种形态，乡村干部的司法则是治理化形态。[④]因此，在乡村治理过程中，依法治理和其他治理

① 赵晓力：《基层司法的反司法理论？——评苏力〈送法下乡〉》，《社会学研究》2005年第2期。

② 杨力：《新农民阶层与乡村司法理论的反证》，《中国法学》2007年第6期。

③ 董磊明等：《结构混乱与迎法下乡——河南宋村法律实践的解读》，《中国社会科学》2008年第5期。

④ 陈柏峰、董磊明：《治理论还是法治论——当代中国乡村司法的理论建构》，《法学研究》2010年第5期。

技术之间并不是非此即彼的关系。事实上，无论是“送法下乡”还是“迎法下乡”，都体现了国家权威与地方性规范之间的复杂互动，都在客观上形塑了乡村治理法治化进程。那么，乡村治理法治化的实践路径是怎样的?

本章仍然以北京市平谷区砂石盗采治理为分析对象，分析乡村治理法治化的过程。2017 年之前，平谷区长期深受砂石盗采等问题的困扰，乡村治理无序、失序现象严重。从 2017 年开始，平谷区以法治政府建设为切口，对砂石盗采进行了专项治理，并以此为契机创新了乡村治理法治化的体制机制，不仅有效治理了砂石盗采问题，而且还有效控制了违建、环境污染等乡村治理痼疾。因此，平谷区砂石盗采治理可谓乡村治理法治化的一个典型样本。

乡村灰色秩序

在基层治理中普遍存在法治剩余问题：那种由于缺乏实体法以及程序上的支撑而无法进入法律轨道的矛盾纠纷。在乡村法律实践中，法律无法细致规范所有已知和未知的社会矛盾，乡村司法亦很难严格按照法治程序解决所有社会问题，基层执法更是受制于客观原因无法有效实施。

砂石盗采是一个典型的法治剩余问题。根据平谷区有关部门 2016 年年底的摸底数据，全县共有 88 个盗采点，203 个堆放点和 28 个非法搅拌站，分布在全县两个主要河流及 13 条支流 230 多千米范围内，涉及 13 个乡镇，具有点多、线长、面广的分布特点。平谷区砂石盗采作为一项法治剩余问题，主要表现在三个方面。

首先，砂石盗采的违法事实具有隐蔽性。就平谷区的情况而言，砂石盗采场除了有地方团伙参与，还有合法商人和村干部参与其中。几乎所有砂石盗采场背后都存在这些利益群体的联盟，因此形成了一条若隐若现的基层灰色利益链。但是，这一灰色利益链并不容易认定，因为几乎所有盗采场都是盗采者从村集体或农户手中合法承包而来的。哪怕转包者明知盗采者承包耕地和山林是为了盗挖砂石，涉事村干部和村民因有利益牵连其中，通常也会选择睁一只眼闭一只眼。甚至于有多名村书记、主任涉嫌为盗采点提供保护伞，成了盗采集团的同伙。因此，由于绝大多数砂石盗采行为有合法商人的合法经营外衣，又有村干部的保护，人们一般很难知道遍地可见的采砂场、堆放点以及搅拌站涉嫌违法。

其次，砂石盗采的打击存在执行难问题。即便是砂石盗采的违法事实得到了确认，有关部门的打击行动也存在巨大障碍。一方面，如前所述，平谷区砂石盗采分布具有点多、线长、面广的特点，再加上违法事实具有隐蔽性，使得打击任务比较重；另一方面，受制于既有的执法体制，相关部门的执法力量严重不足，且打击力度极其有限。

概括说来，砂石盗采的打击难问题源自以下两个方面。

（1）部门职权不清。砂石盗采是一个灰色产业链，从开采、运输、堆放到加工经营、使用，涉及诸多部门的职权。在实践中，往往容易出现因职权不清所致的部门推诿现象。比如，非法经营砂石料问题，国土部门认为应属工商部门职权，依据“无照经营”查处取缔，但工商部门却认为砂石料属于矿产资源，国土部门应依据《中华人民共和国矿产资源法》的相关规定处理。

（2）条块分割。在砂石盗采治理过程中，绝大多数行政执法权都掌握在县级部门手中，乡镇政府几乎不具备任何执法权。但在相关的法律实践中，县级部门都强调乡镇政府的属地责任。如此，因条块分割所致的权责不对称现象甚为普遍：乡镇政府虽容易发现砂石盗采行为，却苦于缺乏执法权而无法有效管理；

相关执法部门虽有执法权，却因执法半径过长而效果不彰。

最后，砂石盗采的惩罚效果不彰。2012—2016年，平谷区国土分局针对砂石盗采行为共实施行政处罚33起，其中移送公安机关2起，但无一起被追究刑事责任。砂石盗采涉及国土、水务、工商、交通、公安、环保、住建、园林等多部门职权，但从部门履职情况看，绝大多数法律赋予的职权并未得到有效履行，一些法条从未被启用。比如，水务部门拥有与砂石盗采相关的行政处罚职权8项，但实践中只用过1项。因为除了这一项职权较好使用外，主管机关并不清楚如何运用其他7项职权进行管辖及其适用的法律。

事实上，公共事务始终存在两种不同性质的任务，一类是简单易处置的问题；另一类是复杂且不好处置的问题。后一类问题往往不存在固定的处置方案，甚至连定义都很困难，相应的也不存在一套可以衡量的标准，即前文提到的“剩余事务”。

据此，砂石盗采治理具有以下几个特征。

（1）难以定性。平谷区的砂石盗采已成气候，可谓随时随地都可能发生。尽管它对生态破坏极大，但普通人并不认为这是一件重要的事。因此，人们对其是否违法、违反了什么法、违法程度如何，并无明确概念。

（2）复杂性。砂石盗采看似只是一个独立的违法事实，但一旦采取措施，将激活一系列相互关联的法律事实，所以必须依靠各个部门的联合执法才能奏效。

（3）难以处理。在既有的执法体制中，砂石盗采将面临“缺乏手段”而无法有效处置的窘境。属地政府因无执法权，面对盗采者几乎无任何震慑作用；主责部门如国土、水务部门，因无人身强制权和车辆暂扣权，亦无法应对暴力抗法行为。而联合执法又因成本高、反应慢且缺乏长效机制而无法常规化。

可见，一旦形成了庞大的灰色利益链，砂石盗采就会演变成一个综合性的社会治理问题，单个部门的专业监管难以奏效。将砂石盗采治理纳入法治轨道，使之摆脱法治剩余的约束，是有效治理的前提。

法律事实的建构

就砂石盗采的治理实践而言，不同的治理主体对其认知存在巨大差别。大致而言，村干部习惯将之看作村民自治范畴的事务，尽量避免政府及执法部门的干预。再加上绝大多数村干部是砂石盗采利益链中的一环，所以他们在行动上天然具有盗采者的保护伞的角色。

乡镇政府则习惯将之视作一项普通的治理事务。简单而言，它仅仅是乡镇政府诸多治理事务中的一项，并不具有紧迫性。再加上不具有执法权，乡镇政府习惯采用综合的策略和权力技术治理砂石盗采行为。

执法部门则将砂石盗采行为视作一项严肃的行政执法行为，固守部门职责，遵循法治程序。很显然，正因为砂石盗采具有法治剩余的特征，才为不同治理主体采取不同方式建构这一问题提供了空间。从平谷区的砂石盗采治理过程看，有关部门正是通过将具有多元认知的社会问题转化为法律事实，并重新调配乡村治权来将砂石盗采治理纳入法治化轨道的。

具体而言，平谷区对砂石盗采法律事实的建构，是通过以下几个步骤加以实现的。

确定政府职能

从立法角度看，砂石盗采当然是一项违法行为；但从地方政府的法律实践看，打击砂石盗采一开始并不是一项“执法”行为，而是一项综合性的治理行为。长期以来，打击砂石盗采并未纳入平谷区地方政府职能，是一件可有可无的治理事务。

从2011年开始，平谷区正式将打击砂石盗采纳入地方政府的工作范围，为此还出台了一系列文件作为制度保障，包括2011年《平谷区人民政府关于整治非法开采、加工和经营砂石料工作方案》，以及配套的管理办法和举报奖励实施细则。

这些文件的制定，一方面援引了中央和上级政府关于砂石盗采治理的权威文件，包括国务院2005年印发的《国务院关于全面整顿和规范矿产资源开发秩序的通知》，以及上级政府2001年《关于关停本市范围内砂石场的实施方案》，提高了打击砂石盗采行为的合法性；另一方面，通过建章立制，将打击砂石盗采行为纳入政府职能，并由区政府牵头成立“打击办”（查违办）承担此项职能。

“问题化”

某种意义上，将打击砂石盗采行为纳入政府职能，只是上级政府职能的自然延伸，平谷区地方政府并未将之视作一个迫切需要解决的治理问题。因此，平谷区一开始的治理方法也有强烈的路径依赖，即主要依靠“打击办”组织相关部门进行联合执法。这种做法虽可短期见效，却难持续。

2016年平谷区发生了“5·14”事件，数名盗采者作业不当发生矿难，造成了六死一伤。尽管地方政府采取了诸多措施，但直到当年 12 月，仍有盗采现象。这迫使地方政府主要领导重新定位砂石盗采问题。大致说来，平谷区政府借助“5・14”事件的处置，将砂石盗采问题化。

（1）社会化。针对砂石盗采的违法事实具有隐蔽性的特征，平谷区主动披露了“5・14”事件的真相，严厉处置相关责任人，并详细指出砂石盗采的违法事实。在“5・14”事件的处置中，盗采点所在的属地政府的一名干部以及县护矿队的几名队员，因与盗采者有利益勾结被查办。如此做法，无疑斩断了砂石盗采的灰色利益链，基层干部不再敢充当保护伞。

（2）政治化。由于区委区政府的主要领导高度重视，砂石盗采问题被定性为当地生态环境存在系统性风险的表现。在 2016 年年底召开的党代会上，区委书记指出“生态是平谷区的生命。抓好生态文明既是我们职责的本分，也是我们发展的根本”；区长则明确指出“严厉打击各类非法盗采活动，坚决打击各类破坏生态环境的违法犯罪行为”。据此，打击砂石盗采行为被提升为全区的中心工作。

联合执法

从一开始，平谷区政府就将砂石盗采问题定性为综合性的治理问题，为此还成立了“打击办”这个工作机构。简言之，

“打击办”是一个联合执法的协调机构。具体而言，它代表区政府协调国土、住建、水务、工商、公安、交通等部门开展联合执法。2013 年和 2014 年，平谷区分阶段、有计划地开展了专项打击砂石盗采行为的“亮剑”行动。这些专项行动虽在一定程度上有利于从部门职责的角度建构砂石盗采问题的法律事实，但并不彻底。

2017 年年初，作为砂石盗采“问题化”的应对措施，区政府启动了“双安双打”行动（全力确保安全生产、全力确保安全稳定，打击金矿及砂石盗采，打击其他违法犯罪活动的专项行动），运用运动式治理机制倒逼有关部门破解砂石盗采治理的法律难题。

本质上，“双安双打”是一场运动式治理。其特点是借助地方最高权威，充分调动协调各职能部门的力量，专项治理某个突出问题。一般而言，问题解决了，治理亦结束了。不过，“双安双打”专项行动通过运动建立了一套行之有效的具有一定普适性的工作机制，使得其具备了常规化治理的特征，主要表现在三个方面。

（1）建章立制。为确保“双安双打”各项工作取得实效，指挥部制订并执行“8+4”工作法，具体包括联防联保、日常管理、突击巡查、废弃矿洞清查等八项工作方案和重大案件会商制、重大问题协调制、周例会制、周巡查制四项工作制度。

（2）全面摸排，建立各类隐患台账。坚持问题导向，集中乡镇和部门力量，对全镇各类隐患进行全面摸排，建立隐患台账。针对摸排出的隐患台账，以正式函的形式函告相关职能部门，并全力配合各部门开展执法工作，将各类隐患有计划地逐一清账。

（3）上下联动，建立执法模式。制定了“街乡吹哨、部门报到”的联合执法链机制，形成了账单式执法、突击式执法、常态化执法等三种联合执法模式。

从砂石盗采的治理轨迹看，“双安双打”专项行动最终完成了砂石盗采法律事实的建构。首先，地方政府的高度重视和执法力量的下沉，无疑向各个治理主体宣示，砂石盗采问题已不是村民自治范畴内的事务，亦非属地政府可有可无的治理事务，而是一个严重的违法事实。

其次，通过建立问题清单，将那些模糊的、难以定性的法治剩余转化为清晰的法律事实。各乡镇政府通过细致调查，汇总了全区所有盗采点、堆放点和非法搅拌站的权属关系、地点、规模等信息，法制部门比对相关法律规定，对其违法事实进行了准确定性。

最后，通过创新联合执法机制，建立了执法机关之间合理的权责关系。一方面，区法制办将砂石盗采治理的所有法律条文梳理了一遍，并在此基础上明确了各部门权责；另一方面，为了解决属地政府权责不一致的难题，赋予属地乡镇政府执法召集权。

至此，通过运动式治理机制，地方政府将原本是法治剩余的砂石盗采问题，建构成了具有明确法律内涵的违法事实。这一事实，不仅在政府内部获得了广泛共识，而且还借助政治宣传（如生态保护、反腐败）获得了普通民众的认可。

依法治理与乡村治权配置

2017 年年初的“双安双打”专项行动持续了 117 天。行动结束后，全区的砂石盗采行为已经绝迹。直到 2018 年暑期我前去实地调查时，当地仍未发生一起砂石盗采案件。究其原因，“双安双打”并不仅仅是一次简单的联合执法活动或运动式治理，而是伴随着以依法治理为导向的乡村治权的重新配置。

至今，这个源自“双安双打”经验总结的基层治理体制机制创新，不仅在砂石盗采治理中发挥作用，而且还被平谷区广泛运用于违建、超载、排污等乡村痼疾的依法治理实践中，并取得了明显成效。

某种意义上，将法治剩余建构为法律事实仅仅是依法治理的第一步，其关键在于，基层执法和司法体制能够有效配置乡村治理资源，对违法事实进行有效认定和规制。从砂石盗采的治理经验看，依法治理得益于乡村治理实践与基层法律实践相匹配（见表 10-1）。

表 10-1　乡村治理实践与基层法律实践的匹配关系

乡村治理实践	基层法律实践
问题清单：乡镇政府对属地管辖范围内的乡村治理痼疾展开调查，建立台账	构建法律事实：由县法制办牵头，对乡村治理痼疾作出法律上的定性，并按照法治要求整理相关问题的违法证据
权责清单：县法制办依照问题清单逐条梳理各部门职责，合理划分属地政府与主管部门之间的权责关系	建立联合执法链：对照基层执法的实际需要，建立“街乡吹哨、部门报到”“一门主责、其他配合”“部门要求、乡镇落实”的“三协同联合执法管理链”
绩效清单：乡镇政府依据联合执法过程中各部门的履职情况制作清单，作为年终部门考核的依据	法律裁决：执法部门按照权责清单严格执法，实现条块协同及行刑衔接

平谷区在“双安双打”专项行动中留下的重要制度遗产便是建立了以“三个清单”为基础的乡村治理路径；而乡村治理实践的每一个环节，都为基层法律实践创造了条件。这样在乡村治理实践和基层法律实践之间就形成了一种相互塑造的关系，最终构造了依法治理形态。具体而言，乡村依法治理的形塑有三个关键环节。

第一，“问题清单—法律事实”的互塑。以事实为依据，以法律为准绳，一直是各国法律实践的基本准则。在司法实践中，法律事实的认定通常遵循“道成肉身”的原理，法官的法律识别与事实认定并不能分而治之，而是合二为一的过程。①

平谷区在梳理重大治理隐患的过程中，一直都由法制办统筹，试图从问题清理开始进入法治轨道。之所以如此，是因为过去的专项行动没有做好充足的准备，导致几乎所有盗采者因法律事实不清而未承担相应的法律责任，大大降低了打击效果。而法制办介入后，对问题清单的制作提出了相关要求，并检索相关法律规定做了法律定性。这样乡镇政府在排查砂石盗采等重大治理问题的过程中，就提前开始了收集证据、建构法律事实的工作。客观结果是，按照法制办提供的标准，乡镇政府根

① 周赟:《“道成肉身”：论庭审过程中法律事实的生成》,《中外法学》2011 年第 3 期。

据问题清单所形成的原初事实，事实上具备了法律事实的属性。

第二，“权责清单—联合执法管理链”的互构。近些年来，为规范行政行为进而控制行政权力，各级地方政府都在推行权力清单制度。本质上，权力清单制度的逻辑起点在于限制权力而非设定权力。从砂石盗采治理过程看，清理各部门的权力清单，同时也意味着确定其责任清单。其作用在于，根据治理需求将各部门的行政权力吸附到砂石盗采等具体问题上，构建针对具体问题治理的权力网络。一方面，各部门权责清单是根据相关法规制订的；另一方面，权责清单的明确亦为行政执法权的有效实行提供了可能性。

平谷区创造了“三协同联合执法管理链”模式。①“部门要求、乡镇落实”。这是一种传统的行政执法模式，即上级主管部门要求属地政府配合执法，属地政府有义务履行属地责任。它适用于那些问题简单、权力界限明确、责任清楚的治理事务。②“一门主责、其他配合”。通常意义上的联合执法指的就是这一模式。只不过，传统的联合执法因为没有明确的权责清单，通常需要政府的综合性协调机构组织调配各部门联合执法。而有了权责清单之后，主责部门即可根据清单自行召集相关部门配合开展联合执法。③“街乡吹哨、部门报到”。这一模式指的是属地政府可以根据需要召集相关部门到辖区内就具体问题展开联合执法，它在一定程度上解决了属地政府权责不一致的问题，对砂石盗采等治理痼疾的常态化治理起到了保障作用。简单说来，“三协同联合执法管理链”的构建，让基层执法变得高效、便捷，增强了地方政府对乡村治理事务的法律回应。

第三，“绩效清单—法律裁决”的互动。平谷区在砂石盗采等重大问题的治理过程中，根据问题清单制作了“销号”制度，即每一个问题点都建立一个专属档案，联合执法成功并具备常态监管的条件后，才能将问题从清单上销号，而且每一次联合执法均有参与单位的履职情况记录表，并以此作为今后部门考核的依据，从而保障执法过程阳光透明，极大地减少了不作为、乱作为现象。

由此可见，绩效清单本质上也是证据清楚、程序规范的产物，它天然符合法律精神。结果是，新的联合执法模式极大地增强了法律裁决的权威性。仅仅是“双安双打”专项行动，平谷区就行政立案 17 起，查扣涉案车辆 16 辆（台），解除土地承包合同 4 份，公安局共立非法采矿刑事案件 16 起，刑拘 6 人，上网追逃 1 人，条块协同及行刑衔接的效率大大提高。

贯穿于平谷区依法治理全过程的是乡村治权得到了重新调配。科层体制和现代法治精神之间具有内在契合性，“科层法治理念”中法律至上的合法性原则、分权制衡的竞争性原则和专职分化的专业性原则，本质上是官僚制精神的体现。基于行政理性化的路径依赖，当前的政府治理必定会走向行政执法化的方向。在实践中，如平谷区砂石盗采问题所彰显的行政执法化面临着绝对权力的相对腐败，以及政法冲突等矛盾，属地政府执法权的缺失以及执法部门之间的权力分割，反而影响了治理绩效。

具体而言，各个政府部门的职责界定是由自上而下的科层设置所决定的，基层政府无权改变。就砂石盗采问题而言，其执法权分散在多个部门中，哪个部门都无法完全规制砂石盗采行为；乡镇政府作为属地责任单位，更是缺乏执法权。站在属地责任单位的角度看，这些问题的根源在于“权责不一致”；站在部门的立场，则很可能是乡镇政府履职不力或相关部门不配合所致。不过可以确定的是，地方政府难以在短期内改变既定的科层设置。

依法治理过程仍然是“科层法治理念”的展现，乃至于它并未改变既有的科层体制，但它通过乡村治权的重新配置弥补了行政执法化的不足，这一调配主要依据两条路径展开。

第一，提高部门之间的协同性。政府权责清单的制订并不单纯是对政府职能的明确，而主要是针对乡村治理中的法治剩余问题，形成治理合力。因此，尽管绝大多数法治剩余事务分布在众多法律规定之中，但权责清单的制订及联合执法管理链的形成，实际上是根据基层法律实践的需求重新组装了法律，建构了一个符合当地实际的法律体系。基于联合执法管理链，各执法部门之间的协同性大大提高，极大地弥补了各政府部门之间的行政缝隙。

第二，理顺条块关系。无论是乡村治理还是基层法律实践，都普遍受困于条块分割。条块分割的主要问题在于，它带来了属地管理政府的权责不一致问题，即属地政府往往有监管责任，却无执法权，这导致一些乡村问题演变为治理痼疾。而“街乡吹哨、部门报到”则赋予了乡镇监管职能，即属地管理政府对掌握执法权的部门具有召集权、指挥权、评价权和考核权。

长期以来，我国县乡治理体制一直具有“压力型体制”的特征，上级政府将治理目标分解为各个指标，下达给乡镇政府完成。本质上，这一压力型体制的形成是县乡两级政府间控制权分配的结果，县级政府及其组成部门掌握着目标设定权和检查考核权，构成了对乡镇政府的单向度的压力。而一旦赋予乡镇政府对县级执法部门“吹哨”的权力，事实上就是将检查考核的权力配置给了乡镇政府，改变了乡镇政府权责不一致的矛盾。在这个意义上，乡镇政府的属地管理因为可以便捷引入执法力量，使得乡村治理实践中的依法治理变得可能。

小结

平谷区砂石盗采问题的治理轨迹表明，乡村治理法治化既是乡村治理机制变换的结果，亦是基层法律实践的结果。这一过程包括三个环节：一是在乡村治理实践中清理法治剩余事务，将治理痼疾转化为法律事实；二是通过乡村治权的重新调配，将执法力量援引到乡村治理实践中，使得乡村治理实践转变为依法治理的过程；三是通过建立公开透明符合程序的绩效考核系统，将科层法治理念融入乡村治理实践中，明确法律裁决的权威性。

一言以蔽之，乡村治理法治化的本质是建立规则之治，以统一的、普适的、稳定的规则来取代相机采用的“权宜之计”。从平谷区的乡村治理实践看，依法治理不仅适合砂石盗采的治理，而且还适合众多其他的乡村治理事务。因此，相比“权宜之计”的小时空范围内的权宜性和灵活性，规则之治有更大的适用范围。随着乡村治理法治化的不断深入和规则之治的不断拓展，“权宜之计”的存在空间被不断挤压，灵活机动的人为因素被不断剔除出乡村治理空间，取而代之的是一套系统的规则体系。

近些年来，我国的乡村治理正在经历巨大转型。一是一些积累已久的法治剩余事务严重影响了基层治理生态，如不清理这些问题，乡村治理现代化将无从谈起。二是乡村治理任务发生了巨大变化。当前，乡村治理不仅要维持农村社会的基本秩序，而且还要完成防范化解重大风险、精准脱贫、污染治理等任务。

长期以来，乡村治理的目标是“底线治理”，治理方法可以是无为而治或采用“权宜之计”。但在乡村治理现代化过程中，过去的治理方式已无法适用。更重要的是，随着治理实践的全面展开，必将触及诸多社会矛盾，这尤其需要规则之治来保证乡村治理秩序。在这个意义上，依法治理就不仅仅是国家“送法下乡”的结果，亦非现代司法理念的自然产物，而是乡村治理实践中规则之治的必然要求。

11 技术治理与乡村场景

现代国家越来越有技术装置的特征，技术治理已是其权力实践的重要表现。然而，需要考量的是：①技术治理既是一项行政活动，也是一项政治活动，人们较多关注技术是如何让治理活动更加高效便捷的，却极少讨论技术治理的正当性及其对政治社会的影响；②国家治理活动是在不同的场景中进行的，那么，不同的治理场景，对技术治理会产生哪些不同的影响？

近些年来，技术治理在乡村治理中急剧扩张，一些引入互联网技术的治理，如市长热线、110 报警平台、扶贫系统、微信群等，在乡村治理中得到了广泛运用。只不过，乡村治理是一个融合了政治与行政，场景多样化的治理实践，技术治理在乡村的实践并不总是产生正面效果，有些反而因水土不服而产生了意外后果。本章将结合经验证据，对技术治理在乡村治理中的运用场景及其限度作一些反思性分析，以此回应乡村治理现代化的某些潜在倾向。

技术治理的运用场景

简单地说，场景化是指意义赋予和行动存在均依场景而触发，即运用情景触发行动者特定情绪或行动的时空设置已经成为社会的普遍现象。[①] 随着技术化社会的来临，国家的机器装置已经超越了物理空间，延伸到了虚拟空间。也因此，技术治理的场景化不再仅仅表现为传统的属地管理，还依赖非物理空间的场景治理。从空间属性和信息的可识别性出发，技术治理的运用场景主要有四类（见图 11–1）。

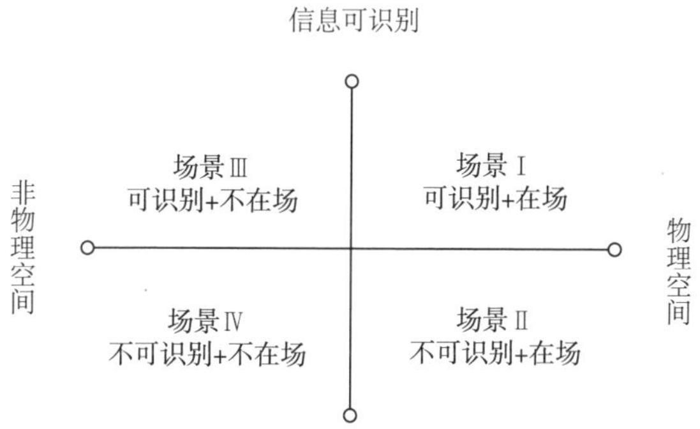

图 11–1　技术治理的运用场景

① 邱泽奇：《技术化社会治理的异步困境》，《社会发展研究》2018 年第 4 期。

场景 I

在这个场景中，治理信息可识别，通过属地管理来开展治理行动。从隐喻的角度看，“办公室”是这个技术治理的理想型场景。自从科层制出现以后，人们便设想国家和各类社会组织的治理过程是精确、可控和可预测的。一方面，治理行为是在一个可控的物理空间中展开的，每一个治理场景都对应一个具有明确边界的物理空间。通过行政区划，治理层级和辖区面积形成对应关系，层级越高，辖区面积就越大。通过专业化分工，不同的部门也对应不同的物理空间。监狱、医院、学校等机构既是人们生活和工作的一个物理场景，也是服务于规训与惩罚的治理空间。

另一方面，依赖于科层制行政技术，行动者的信息是可识别的。在科层体系内部，依赖一系列的控制流程、技术、仪式等手段，最大限度地实现了上下级之间的信息识别。比如，职级、职位和荣誉制度，甚至于“制服”，都是典型的信息识别机制。事实上，这些信息识别机制亦是一种场景化行为，治理者一旦以标准的行政 / 执法程序出现在特定的物理空间，便意味着治理行为的启动，被治理者在识别出相关信息后亦会采取相应的行动。

之所以说科层制是技术治理的理想型场景，是因为它伴随着国家本身的治理化过程。

首先，国家具有较强的运用技术开展治理活动的冲动。科层制虽在前现代社会即已产生，但它全面主导国家这个政治组织却是机器技术的产物。简单而言，从组织和技术关系的角度看，工厂不仅是人类生产活动的组织形式，更是改变这种形式的场所和力量。[①]机器技术的发展催生了工厂组织，进而让技术治理的核心立场，即科学管理和专家政治成为可能。因此，一旦国家也按照工厂的组织形式建立科层制，并把治理活动当成一个生产活动，则必定会计算治理过程的成本和收益，这对先进组织技术的运用就甚为重要。

其次，科层制不仅是一个技术，也是一个程序，它反过来改造了国家本身。现代国家权力实践已经从占领、统治等彰显主权的行为，转向了对人口、国土等治理对象的可治理化干预。为了实现可治理化，被认为有效的技术被源源不断地装置在国家机器内。因此，科层制行政随着现代技术而扩张到国家治理的各个领域，趋向于将不同类型的物理空间都改造成科层制场景。比如，村庄、街头等边缘地带，随着国家政权建设被纳入了科层制行政的轨道。即便这些领域是开放性的空间，国家机

① 邱泽奇:《技术与组织：多学科研究格局与社会学关注》,《社会学研究》2017 年第 4 期。

器也试图通过治理术实现治理信息的可识别和国家权力的在场。

场景Ⅱ

治理信息难以识别，却又通过属地管理来开展治理活动，“街头”是这个技术治理场景的理想类型。如果将社会视作国家治理的整体性场景，那么这个场景并不像是“办公室”或“圆形监狱”这样的可控的空间形态，而是更接近于“竞技场”这样的空间形态。事实上，国家作为“一个权力的场域”，受国家观念与实践二重性的形塑。[①] 国家普遍被认为是具有凝聚力和控制力的组织，但国家在实践中并非有机、未分化的行为者，而是需要和其他社会力量争夺控制权。

街头行政场景的特征是如此明显，以至于自成一类。一方面，无论是对于国家这个治理者，还是对于被治理者，“街头”都是一个陌生的、流动的空间，人与人之间往往是匿名的，治理信息亦是变动而难以精确的。另一方面，在制图术的治理实践中，任何一个物理空间，哪怕它是名义上的国土疆域，也会根据国家治理的需要进行编码，成为一个可治理的空间。

与科层制的行政场景相比，“街头”的行政场景或许更具普

① ［美］乔尔·S. 米格代尔:《社会中的国家：国家与社会如何相互改变与相互构成》，李杨、郭一聪译，江苏人民出版社 2013 年版，第 16 页。

遍性。从历史上看，绝大多数前现代国家的治理都是一个“街头”行政场景。概言之，国家既无法完全掌握人口、户籍、土地等信息，也很难在基层治理中实现权力在场，而是将基层治权让渡给了宗族、士绅等社会团体。从治理的事务上看，国家很难管理和控制所有社会事务，现代国家从关系到主权实现的国防、治安、税收等职能扩展到医疗、教育、养老等生命政治，是一个漫长的过程。哪怕是到了今天，国家对不同事务的介入程度和方式，都有极大的差别。因此，当国家不断强化和扩张其职能时，也就意味着“街头”行政场景将反复出现。

“街头”的场景化行为，并不是以简单的控制和反控制的形态出现的，而是以行动者之间“游戏”的形态出现。[①] 概言之，国家权力通过区域化的方式，分割和编码“街头”这个开放空间，实现了国家的在场。在“街头”行政场景中，国家权力占据主导地位，可以采取各种“策略”来形塑秩序。但是，这并不意味着国家可以完全宰制“街头”空间，被治理者往往通过各种“战术”行为来塑造自己的生存和反抗空间。如此，“街头”行政的场景始终处于变化之中，行动者根据现场获得的有限信息达成“临时妥协”，一旦信息有变，行动场景亦会改变。

① 吕德文:《作为法律隐喻的“猫鼠游戏”——城管执法的另一种观察视角》,《中外法学》2019 年第 2 期。

场景Ⅲ

治理信息可识别，却是以不在场的方式展开治理活动，“窗口”是这一技术治理场景的理想型。依托信息技术的发展，政府流程再造一度成为世界各国政府机构改革的重要途径。而今，各类政务中心、智慧城市设施和指挥平台，都是典型的“窗口”治理场景。在办公室、街头等治理场景中，治理活动是以权力的在场为前提的；并且，国家权力在场还需要想尽办法以人格化的形式呈现，并将这一信息准确传递给被治理者。因此，传统的治理活动本质上依赖于面对面的社会互动。

然而，信息技术在治理活动中的运用，实现了治理场景的转化。一是开放和封闭空间属性的融合转化。在物理空间上，“窗口”集合了开放和封闭两个空间属性。“窗口”前是一个开放性空间，治理信息是不确定的，类似于陌生而流动的“街头”空间；“窗口”后则是典型的“办公室”空间，治理信息明确，且是标准化的。“窗口”通过明确的信息告知、办事流程，将“窗口”之外的信息标准化，进而为治理者所利用。

二是前台和后台的分化。信息技术的运用，将治理空间分化出前台和后台两个场景。其中，前台仍是一个在场的物理空间，依赖于面对面的治理；而后台则是网络空间，依靠信息和系统自主运行。在这个意义上，“窗口”本质上是附属于信息技术的治理空间,“窗口”工作人员看似处于科层体制中,对被治理者具有支配权,但他们亦是附属于系统的“屏幕官僚”,并无自由裁量权。

相较于科层制行政和街头行政,“窗口”场景本质上是一个不在场的技术设置。一方面,它改变了现代国家依赖于“办公室”空间的权力生产机制。在科层制行政场景中,权力中枢的指令依赖于决策—执行体系,依赖于上下级之间通畅的信息传递系统。而在“窗口”场景中,信息依靠系统自动传递,权力实践也不再依赖于对官僚的身体控制,办事员只是接受系统的指令,而非上级指令。

另一方面,“窗口”场景亦部分取代了“街头”的场景化行动。比如,交通警察对违规车辆的贴单行为,既避免了面对面处罚所带来的风险,又避免了街头官僚的滥权问题。可见,“窗口”场景的不在场技术设置,取决于治理信息的充分识别和有效传递。20 世纪 60 年代以来,信息技术的发展为“窗口”场景在国家治理中的扩张提供了极大的机遇。但迄今为止,“窗口”场景往往只能解决那些简单的、重复发生的治理事务,而那些复杂且不易处置的事务,因信息量较大且不规则,并不容易识别,也就难以在“窗口”场景处理。

场景Ⅳ

治理信息难以识别，且以不在场方式展开的治理活动的典型场景是网络空间。网络空间是以计算机技术、现代通信技术以及虚拟现实技术等信息技术的综合运用为基础的新型空间，是人类用知识创造的虚拟空间。长期以来，以网络空间自由主义主张为基础的“网络乌托邦”，一直是网络空间治理的法律和制度的前提假设。但是，网络空间并非与现实的物理空间没有关系。事实上，网络空间内部也有鲜明的政治控制和社会控制特性，在技术、域名、传输渠道等关键信息资源和基础设施上，仍然是有主权边界的。网络空间犯罪已经成为当前社会控制的难点，严重影响了现实社会秩序，乃至于网络空间是一个典型的技术发展远超于治理规则的形成，进而容易产生治理困境的领域。

网络空间的治理场景主要有以下两个特征。一是它依然遵循物理空间的治理规律。概言之，网络空间的治理场景，仍然是以信息的有效识别为基础的。只不过，网络空间一般实行双重认证机制。身份认证以国家认证为主轴，国家机构的备案、反欺诈、隐私保护等是一种公共权力；行为认证则交由社会主体，网络服务提供者应要求用户提供真实身份，并监督其网络信息发布行为。

二是它又与属地管理制度具有截然不同的逻辑。概言之，网络空间的治理场景，对不在场的治理技术存在严重依赖。网络空间往往是一个虚拟空间，每一个行动者都有多重身份，都具有匿名性，网络行为具有时空分离特征，它难以通过在场的属地管理制度来开展治理活动。一方面，它对建立在工业技术基础上的科层制行政提出了挑战，对跨区域、跨部门的协同合作提出了更高要求。另一方面，它本身也在创造一个新的治理规则，某种意义上，双重认证机制背后所隐含的多重治理价值和技术的融合便是其典型表现。

网络空间的治理场景，标志着我们迈入了一个技术化社会的治理时代。技术不再是国家治理的工具，它本身具有自主性。因此，国家治理规则反而要适应技术的需求，技术治理的“反向适配”渐渐成为一种颇为普遍的治理现象。

技术治理的限度

进入 21 世纪，技术治理已然成为公共治理的全球现象。一方面，治理技术的更迭为技术治理的扩展提供了更加强大的工具。比如，随着信息技术的成熟完善，大规模的社会认证和治理成为可能。某种意义上，国家通过建立各个领域的信息数据库，有效解决了工业化、城市化带来的人员流动和陌生人社会的信息不对称问题，强化了国家基础能力。

另一方面，现代社会治理场景的多样化，亦强化了技术治理的惯性。某种意义上，治理活动就是一种场景化行动。一旦某种特定的场景被建构起来，支撑场景化行动的治理技术就有了自主性，并成为治理场景的有机组成部分，这也使得当前技术治理的场景具有多元化特征。而不同的场景对技术的需求是不一样的，治理目标、内容和技术之间是一种复杂的匹配关系，这就决定了技术治理其实是有限度的。

从信息识别的角度看，技术治理的使命正是通过识别和处理源源不断的问题进而把社会清晰地呈现在国家面前[①]，是国家认证的过程。所有国家都有意愿增强认证能力，但认证能力并不因意愿增强或技术提高而必然增加。从事实和规范两个维度看，国家的认证能力并不是二者的算数加总，而是呈现出多种组合。[②] 因此，技术治理也呈现出四种形态（见图 11–2）。

① 彭亚平：《技术治理的悖论：一项民意调查的政治过程及其结果》，《社会》2018 年第 3 期。

② 欧树军：《基础的基础：认证与国家基本制度建设》，《开放时代》2011 年第 11 期。

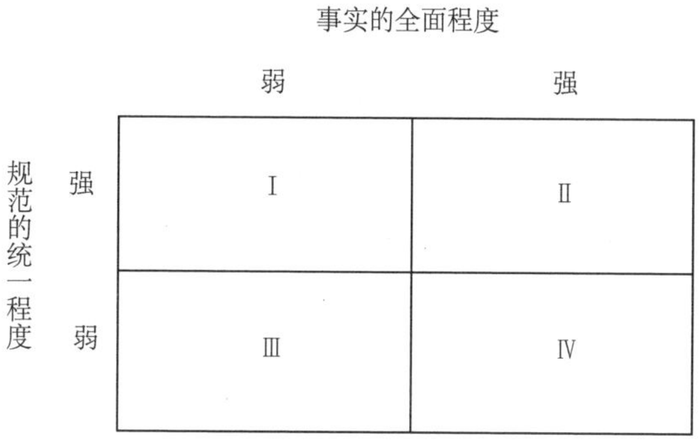

图 11-2　技术治理的四种形态

Ⅰ代表“弱事实、强规范”，强调运用整齐划一的规范，哪怕治理信息的收集极其有限。这一情况在“街头”治理的场景化行动中表现尤甚。进入 21 世纪以来，中国发生了城市暴力兴起的大事件，公安、城管、拆迁等执法冲突频发，重要原因便是在城市治理过程中强推规范，但这与弱事实存在激烈冲突。21 世纪初的身份认证能力仍然比较弱，严重依赖于规范性极强的户籍制度和暂住证制度，这有悖于大规模的人口流动事实。

此后，公安机关通过调整法律法规，弱化了户籍管理的规范性；同时，通过公安内网和城市监控系统，提高了身份识别能力和街面信息监控能力。如此，“街头”治理场景的规范化和事实的全面程度之间达成了一定的平衡。但是，其他市政部门的街面治理仍然严重受制于强规范和弱事实之间的矛盾。比如，在行政执法化的趋势下，城管等市政部门的街面治理行为越来越有强规范特质，但这些部门对街面信息的掌握程度严重不足，常常导致治理情境的崩溃。

Ⅱ代表“强事实、强规范”，治理规范统一性和事实全面度都处于较强的状态，技术治理能力较佳。科层制这个理想型的治理场景，便是一个“强规范、强事实”的典型表现。一方面，科层制本身就建立在合理性假设的基础上，依靠明确而稳定的规章制度运转，具有非人格化特征；另一方面，科层制的实际运作，大多与信息的收集、整理和分析有关，作为信息处理中枢的“办公室”是科层制的内在特征。

通常而言，欲达到“强规范、强事实”的状态，主要通过两个途径。一是通过区域化的机制，在治理空间的可治理化过程中实现“强规范、强事实”。它包括两方面内容：通过制图术规训物理空间；通过治理术规训“人口”。

二是通过治理空间的转移，来保证“强规范、强事实”的实现。本质上，圆形监狱便是“强规范、强事实”治理场景的极端化表现——一旦被治理者从其他场景转移到圆形监狱等封闭空间，一系列的规训知识便可有效施展。但问题在于，并不是每个治理空间都可以模拟办公室情境，空间转移也要依赖国家的基础能力（如认证、强制）。并且，规训社会或许是一个认证能力较佳的治理场景，但从多维视角看，并不意味着是一个“善治”状态。

Ⅲ代表“弱事实、弱规范”，治理规范的统一程度和事实的全面性都不强。传统国家因属地管理能力不足，绝大多数治理场景都是“弱事实、弱规范”的——国家既不掌握国土、人口等基础信息，也无法干预社会运转。

在现代国家，“弱事实、弱规范”几乎是失败国家的代名词。哪怕国家能力再强，也并不意味着不存在这一治理场景。比如，网络空间一度是“弱事实、弱规范”的典型。在网络实名制推行之前，国家（法律规范）对网络空间的认证能力较弱，且没有统一的规范来规制网络空间。结果是，网络空间具有典型的无政府主义和乌托邦主义的特质。即便到了今天，一些特殊网络空间，仍处于“弱事实、弱规范”的治理状态。

Ⅳ代表“强事实、弱规范”，指的是事实基础足够强，但规范统一性不足，技术治理能力并未因信息的增加而同步提高，这一点在“窗口”空间中表现尤甚。近些年来，各部门和各地都在推行信息化治理，几乎所有治理事务都有信息认证系统。但是在实践中，类似一门式电子政务中心的运作，往往并未改变处于前台的组织结构，处于后台的虚拟结构亦因部门分割而存在信息的不可通约性。

更为普遍的一个现象是，由于治理规范的统一性不足，政府治理的信息冗余现象较为严重——强事实并未转化为治理能力。比如，由于存在分流治理机制，信息权掌握在条线部门，属地治理反而弱化了，一些村庄甚至被迫卷入指标和数据空转的状态。

可见，不同的治理场景对技术适配的要求不尽一致，只有信息全面性与治理规范的统一性相互匹配，才能实现理想的治理形态。在这个意义上，技术治理的限度主要表现为治理技术的单一性与治理场景的多样化之间存在惊险一跃。当技术适配时，治理效能会大大提高；反之，则会导致治理效能低下。至少就目前中国的基层治理实践而言，技术迷思现象或许不少于技术适配。

去政治化现象

不同的治理场景隐含着价值多元化，尽管现代国家在某种程度上已经演变为一种技术装置，但并不意味着国家机器没有价值诉求。在权威（合法性）与权力（行政）二分，以及政治与行政二分的政治架构中，行政理性化为技术治理提供了广阔的舞台，但归根结底要服务于国家意志的表达和政治合法性的提升。

进入21世纪以后，中国的治理体系通过行政科层化和项目制等技术设置，实现了总体支配到技术治理的转型。技术治理虽然在程序技术上奠定了科层体系的合理性原则，让行政过程获得了程序合法性，但行政的规范化也很容易转化为工具化的经营技术，将政府的寻租行为形式化地包装成治理行为，用“事本”逻辑来表面地替代利益逻辑。其结果是，基层治理中策略主义盛行，去政治化现象蔓延开来。

一方面，去政治化表现为治理技术无法关联多元化的政治伦理。比如，已有研究表明，精准扶贫中的技术失准，根本原因是国家扶贫的“帮穷”话语与基层的“帮能”“帮亲”“帮弱”“帮需”等社群伦理产生了分歧与张力，而社群伦理为基层施政的不精准提供了合法性支持。[①]本质上，国家的“帮穷”施政伦理是通过塑造“强规范、强事实”的科层型行政场景来实现的，但它无法在仍然保留着“弱事实、弱规范”特征的村庄场景中贯彻到底，亦无法顾及地方性规范，导致社群伦理消解了国家伦理。

另一方面，去政治化表现为反向技术适配特征。简言之，

① 王雨磊：《技术何以失准？——国家精准扶贫与基层施政伦理》，《政治学研究》2017年第5期。

行政科层化和项目制等指标系统看似科学、严谨，但特定治理场景中的信息认证能力却还比较低，这迫使政治意志反过来服从于行政过程。同样以精准扶贫工作为例，扶贫工作体系具有强烈的技术治理色彩，从贫困户的识别、帮扶到评估，都依靠全国统一的系统在运作。但乡土社会是一个模糊性社会，农村存在大量非正规经济，农民收入难以精准计算。为了实现精准化，基层政府不得不借助“政治势能”，通过中心工作及运动式治理机制反复计算，从而保证扶贫系统各指标间的逻辑关系。结果社会的复杂性和政治的合法性，因治理技术的反向适配而出现了失真和削弱。

泛政治化现象

与去政治化相伴随的是，技术治理的迷思也会出现泛政治化问题。一般认为，技术治理主要指的是行政理性化，但在很多治理场景中，技术治理的实现本来就是政治驱动的结果，仅仅是政治意志表达的技术呈现方式而已。在这个意义上，治理技术超越了工具意义，承载了诸多的政治意涵。一旦政治主体强烈干预治理技术的运用，泛政治化就不可避免。

泛政治化首先表现为技术治理强化了官僚病。迄今为止，科层制仍然是国家机器技术装置的“架构”，它与生俱来的官僚病仍然存在。其中最为典型的是，上下级之间存在信息不对称，由此带来了控制和反控制的资源内耗。一旦技术治理强调规范的统一性而不解决信息识别问题，治理能力就不会得到提高。哪怕是在办公室场景，当治理技术嵌入科层制结构后，技术和组织并不必然相互适配。即便是以解决信息不对称为目标的治理技术，技术植入组织的过程也是一个历时性的具有很强实践情境特征的“连续谱”，而且在每个阶段都会遇到不同的问题。

在初级阶段，技术仅仅是组织运作的工具，技术治理在某种程度上是上级控制下级、国家权力监控社会的手段。这时候的泛政治化表现为，技术治理是一种赋权工具。比如，当前的公共治理在某种意义上越来越体现出专家政治的特征，第三方评估、专家咨询和民意调查等治理技术运用甚广。然而，“国家通过技术之眼观察社会图像时，它看到的可能是自己的倒影”。[①] 无论是评估、咨询结果还是民意反映，都只不过是反映了技术购买方识别“问题”的意图，以及考核、监督下级的“依据”。

一旦技术治理走向极端，技术脱嵌于组织结构，甚或反过

① 彭亚平：《技术治理的悖论：一项民意调查的政治过程及其结果》，《社会》2018 年第 3 期。

来支配国家机器的运转，就很可能带来权力的滥用。事实上，圆形监狱这一治理场景，是对权力技术扩张压制社会自主性的隐喻。更为普遍的是，技术治理逻辑导致了社会工程实践，以清晰化、简单化为特征的社会事实加工技术，因违背了自然规律，反而制造了失败。尤其是当今世界很可能进入了技术化社会的时代，技术环境已经和自然、社会环境一样具有实质意义，技术和规则存在着异步困境，建立在属地管理基础上的政治规则并不适合非物理空间的场景，这也将导致规则滥用。比如，随着近些年共享经济的兴起，技术成了平台而非工具，个体不依赖组织就可以发生场景化行为。但对这一全新空间的治理，大多数国家仍然秉持属地管理的治理方式，从而导致了诸多困境。

综上，技术治理是一个辩证过程。一方面，现代国家作为一个技术装置，工业技术尤其是信息技术的发展，为国家能力的提升作出了巨大贡献；另一方面，技术进步亦制造了新的治理场景，对治理技术提出了更高要求，国家能力却不一定匹配。尤其关键的是，现代国家的技术装置并未摆脱其作为政治实体的实质，这意味着治理技术始终要处理合法性问题。因此，技术治理的限度既源自技术本身的限度，亦来自治理场景的多样化。

小结

近些年来，学术界讨论技术治理限度的成果很多。但无论是批评者还是辩护者，大多极端化地理解技术治理，并未细致地讨论技术治理的不同模式及其使用范围。我们认为：

（1）国家本质上是建立在空间隐喻基础上的政治实体。近代国家具有鲜明的机器隐喻，国家实践内含着技术治理的假设。然而，这种空间隐喻是多元的，这也就意味着国家的权力实践具有多元特征。

（2）不同的治理空间意味着不尽一致的场景化行动，任何一个国家治理场景都意味着不尽一致的技术匹配。就目前的技术装置来看，国家主要依据办公室场景来开展治理活动。尽管也使用一些技术工具来形塑“街头”、“窗口”及网络的场景，但在信息可识别上始终存在矛盾。某种意义上，国家是通过单一的科层行政技术来开展不同场景的治理活动的，这必然导致治理和技术难以适配的问题。

（3）技术治理本身存在规范的统一性和事实的全面性之间的矛盾，这一对关系在不同的治理场景中会造成更为复杂的技术迷思现象。在经验证据上，技术治理因无法通约政治与行政，导致治理过程出现了去政治化和泛政治化两种反技术治理的现象。

当今世界已经迈入了技术化社会的时代，技术治理面临更大挑战。简单而言，技术已经不仅仅是一个治理工具，它本身也具有了自主性。并且，技术已经成为治理活动的有机环境的重要一环，还在潜移默化地改造着国家的技术装置。技术治理既面临着传统命题，即如何提高国家认证能力以提高行政效率、增强合法性，又面临着新命题，即如何解决技术和规则的异步困境，创造新的治理场景。

12 城乡共治与乡村治理新格局

实施乡村振兴战略是党的十九大作出的重大决策部署，而城乡融合发展是乡村振兴的新理念，亦是全面推进乡村振兴的重要工作。近些年来，我国在统筹城乡发展、推进新型城镇化方面取得了显著进展。进入 21 世纪以来，我国的城镇化速度迅速提升，平均每年以超过 1% 的速度增长，2019 年的城镇化率已经超过 60%。然而，城乡要素流动不顺畅、公共资源配置不合理等问题依然突出，距建立新型城乡关系，实现乡村振兴的战略目标，仍有相当一段距离。其中，建立健全乡村治理体系是城乡融合发展的重要保障。

为此，2019 年 6 月，中共中央、国务院办公厅印发《关于加强和改进乡村治理的指导意见》，提出到 2035 年，党组织领导的自治、法治、德治相结合的乡村治理体系更加完善，乡村治理体系和治理能力基本实现现代化的总体目标。那么，如何在城乡融合过程中推进乡村治理现代化？或者说，城乡共治的乡村治理新格局如何实现？本章将在经验研究的基础上，回应这一理论问题。

城乡融合下的乡村治理

乡村治理是在国家与社会关系中展开的。从国家中心的视角看，乡村治理实践是国家政权建设及其制度建构的结果。现代国家的形成伴随着“政权建设”，其核心表现之一便是国家的强制力量随着官僚体系下沉。中国的乡村治理体系建设是伴随着近代国家政权建设而形成的。只不过，晚清和民国的国家政权建设只实现了基层政权的半官僚化，无法将地方行政人员完全吸纳进官僚组织进行有效约束，从而出现了国家政权建设“内卷化”的结果。

直到中华人民共和国成立以后，国家才通过一系列的社会改造，尤其是“三级所有、队为基础”的人民公社体制，完成了对基层社会的整合。改革开放后，乡村治理形成了“乡政村治”模式，近些年中央和各地则通过健全党组织领导的自治、法治、德治相结合的乡村治理体系，完善了“乡政村治”模式。总体上看，中华人民共和国成立后的70多年里，乡村治理体制是国家治理体系的有机组成部分，其变革始终是国家治理现代化建设的结果（详见第2章）。

从社会中心的视角看，乡村治理是国家治理的一个独特领域。一是乡村治理受农村社会结构的影响，社会关联、村庄精英和社会分层等要素，都在极大程度上构成了“乡村治理的社会基础”，乃至于形成了乡村治理的区域差异。[①] 二是乡村治理是在国家与农民关系中发生的，正式制度往往是通过乡规、民俗等半正式方式运作，并广泛依靠村干部等半正式工作人员开展的，由此形成了简约治理传统。

客观上，近代以来乡村治理变迁的主线是从双轨政治走向单轨，乡村治理也聚焦于“官民两套在基层社会的纠缠”。但是，当前城乡关系发生了根本性变化，这一变局也深刻地改变了乡村治理的实践逻辑。比如，近些年来以坐班制、职业化和技术化为主要内容的官僚化趋势，在各地的乡村治理中表现得越来越明显。如果说过去的“乡政村治”是建立在乡土社会的独特性基础之上，也是乡村治理区别于城市治理的核心所在的话，那么近些年来乡村治理的官僚化趋势，则表明城乡社会的基层治理体系越来越趋同。但毋庸置疑的是，人们对乡村治理的官僚化趋势普遍持批评态度，且提供了颇为丰富的经验证据。

从城乡关系的视角看，城市化水平与村庄治理体制存在匹配关系，当前的乡村治理现代化需要考虑人口流动、工业化水

---

① 贺雪峰:《乡村治理的社会基础》，生活·读书·新知三联书店 2020 年版。

平等因素。[①]哪怕是城市化水平较高的地方，基于治理目标、资源投入和制度选择的差异，乡村治理的实践路径和村干部的角色类型也有极大差异。[②]城乡接合部或郊区社会是矛盾的交汇点，其治理是一种"空间再分配"的过程。[③]但本地市场和集体所有制超越了城乡二元的制度隔离，这预示着城乡融合时代可以形成更高质量的乡村治理。[④]

随着城乡关系向着城乡融合的方向发展，城乡共治已经是一个治理趋势，这时乡村治理研究的转向具有重要意义。尽管理论界已经开启了这一研究路径，但对城乡融合时代乡村治理的议题仍未展开系统讨论。比如，对城乡融合时代的乡村治理主体、内容，以及乡村治理新体系的建构路径，尚缺乏理论探讨和经验证据。

平谷区是首都的生态涵养区之一，区域面积中近四分之三是涉农土地，其中仅大桃种植面积就达22万亩，是著名的国内大桃产地。该区下辖2个乡、14个镇、2个街道办事处、273

① 贺雪峰：《乡村治理现代化：村庄与体制》，《求索》2017年第10期。

② 杜姣：《村干部的角色类型与村民自治实践困境——基于上海、珠三角、浙江三地农村的考察》，《求实》2021年第3期。

③ 熊易寒、曹一然：《空间再分配：城乡接合部治理的政治学意义》，《广西师范大学学报》（哲学社会科学版）2021年第1期。

④ 杜鹏：《郊区社会：城乡中国的微观结构与转型秩序》，《社会科学研究》2021年第3期。

个行政村和39个社区。截至2018年年末，全区常住人口45.6万人，近一半是农业人口；国民生产总值中，第二产业产值已经超过50%。这意味着，平谷区虽然在经济上实现了工业化和市场化，但村庄体制却较为完整——人们主要在城市从事第二和第三产业活动，同时大多数人口仍然生活在村庄。

在某种程度上，平谷区形成了可称为“城乡社会”的形态。这一社会形态具有一定的稳定性，且已经有机融入了城乡关系之中。2019年，平谷区被确定为全国乡村治理体系建设试点单位。着眼于大都市郊区的区域定位，平谷区致力于探索城乡融合背景下的乡村治理新体系的建构路径。

“城乡社会”的乡村治理命题

城乡融合发展具有鲜明的中国特色，要避免走“城市兴、乡村衰”的老路，而是要走出一条城市和农村携手并进、互利共赢的新路。城乡发展不是此消彼长的零和博弈，而是融合发展、共享成果的共生过程。因为到21世纪中叶我国应基本完成了城镇化，农业仍然是粮食安全的基础，农村仍然是保证公共资源配置公平有效的关键，有体量庞大的农民仍然面临公共服务普惠共享的问题。

这就意味着，城乡融合过程并不代表乡土社会的消失和城市社会的扩张，很可能预示着一个全新的“城乡社会”形态的形成——它融替代与共生、冲突与融合、区隔与交融、延续与变迁的城乡为一体。[①]一方面，农村是城市体系的一部分，农村社会的运转和城市体系有机结合；另一方面，乡村治理体系不能简单移植城市街居治理体系，两者之间有明显差别。在“城乡社会”中，乡村治理是大都市治理体系的有机环节，不仅影响着农村的社会稳定和农民的安居乐业，而且还影响着城市社会的平稳有序运转。

“城乡社会”具有典型的半熟人社会和弱关系社会的特征。

一是农民离土不离乡。当地绝大多数农民已经不从事农业生产，虽有一部分农民进城或上楼，但大部分农民还是居住在村庄，且在村庄留有房子，村落共同体保持得较为完整。这意味着，村庄熟人社会的物质基础还在，人们之间还相互熟悉，但因为缺乏密集交往，互惠性的社会关系逐渐消失了。

---

① 吕德文：《治大国若烹小鲜：基层治理与世道人心》，中国人民大学出版社 2021 年版。

二是半耕半工。从城乡社会的视角看，流动人口在村庄和城市之间呈现出较为紧密的交换关系。平谷区果业发达，但果农几乎都是50～70岁的“老农”，年轻人鲜少从事农作。家庭内部具有鲜明的代际支持特征，父代对子代的资源支持较多，而子代也因此和村庄保持联系。

“城乡社会”形态对乡村治理产生了深刻影响，最直接的表现是乡村治理事务的变化。

一是量的增加，治理事务急剧增多。“城乡社会”是一个农业、农村和农民都较为完整的社会，传统的治理事务保留甚多。这些治理事务，主要是围绕家庭生活和农业生产进行的。比如，邻里、家庭纠纷，水利、农技和农地管理等。而社会性质的转变，又带来了新的治理事务。一方面，传统熟人社会的治理事务出现了变异。简单而言，一些原本在熟人社会内部可以自我调节的社会事务，由于社会关系的变弱，进入了村庄的日常治理轨道中。比如，房前屋后的卫生过去一直是村民和村庄自己处理的事务，但这些事务已经渐渐出现了负外部性，成了政府和村庄的重要公共服务内容。再如，传统的家事纠纷，因为现代观念的介入、法律下乡成为现实，当地农民在分家过程中，已经习惯采用合法性较高的公证制度来代替传统的分家清单。另一方面，大量流动人口的进入，使得村庄的宅基地、治安、消防、计划生育等公共空间的事务急剧增加。

二是类型多样化，治理事务包含衣食住行等各个方面。大致而言，传统的乡村治理事务主要包括“政务”和“村务”两个方面。前者主要是协助基层政权办理事务，村级组织并不承担主要责任；后者则包括组织共同生产、纠纷调解、福利分配等。因此，传统社会的治理事务类型并不多样，亦无须专业分工，村干部往往身兼多职，采用灵活的办法处置。

但在“城乡社会”中，治理事务类型变得多样。某种意义上，“城乡社会”的治理事务不仅比传统农业社会多，而且比城市社区的治理内容更复杂。一方面，“村务”仍然保留完整，且如上所述，亦有扩大趋势。另一方面，几乎所有“政务”都已下村。北京市在公共服务普惠共享方面走在全国前列，村民的养老、医疗、低保等社会保障制度较为健全，还有名目繁多的普惠性福利保障。此外，消防、治安、流动人口管理等典型的城市治理事务，都已经深度嵌入乡村治理过程中。

三是质的变化，从简单事务变为复杂事务。纯农业社会的治理事务基本上都是关系型事务，治理事务附着于熟人社会关系之中，因关系而生，亦以社会关系的调节而终。一些事务看似是“事”，处理的却是人际关系。比如，邻里纠纷本来是较为常见的治理事务，但事务治理的关键却不在于“事清”，而在于对矛盾双方关系的调节，甚至大多数行政事务的执行也依赖于“做工作”。而对于城市治理事务而言，其重要特征是“对事不对人”，绝大多数治理事务都已专业化，变成特定部门的行政职责。因此，事务处理规则往往是“切事化”的，就事论事，按部就班，讲究规则。

如此一来，无论是乡土社会的治理事务还是城市治理事务，都有特定的社会机制将其简单化。在纯农业社会的治理事务中，简化的逻辑主要是把复杂事务人格化，通过处理人际关系处置事务。而在城市治理过程中，主要是运用专业化和程序化的方法，将复杂事务化繁为简，通过“切事化”的原则处置事务。

“城乡社会”的治理事务反而具有复杂化的特征。一方面，在半熟人社会中，复杂事务的人格化无法贯彻到底；另一方面，由于行政体系不够发达，“切事化”原则亦不可能实行。其结果是，“城乡社会”的治理事务只能在关系治理和行政化方向上寻找结合点，“村务”和“政务”之间亦有逐步合流的趋势。一方面，传统的治理事务越来越依赖于正式制度。比如，邻里纠纷、派系斗争等村庄内部矛盾，农民不再习惯于用内部竞争和整合的方式来解决，而是通过12345政务服务便民热线等方式要求行政介入。但另一方面，在行政能力不足的情况下，基层政府仍然需要村干部做调解工作，并且绝大多数行政事务只能通过非正式的治理方式加以解决。比如，防火、维稳、水管、安全等工作，严重依赖村干部和协管员，要靠他们动员村庄内部的社会关系来完成任务。

“城乡社会”形态的特殊性及其治理事务的复杂性，对乡村治理提出了新命题：在城乡融合时代，乡村治理如何回应“城乡社会”带来的挑战？具体而言，城乡融合发展给乡村治理造成了两个挑战。一是以属地管理为特征的静态化的乡村治理体系，如何适应人、财、物等治理要素在城乡之间流动的现实；二是在乡村空心化的背景下，如何改变既有的资源投入方式以提高乡村治理能力。传统乡村治理体系之所以发挥作用，源自其与社会形态的匹配。村落体制是纯农业型地区的治理体系，村民自治能够发挥作用，原因在于熟人社会形态及村落共同体的完整性。而城市社区和市政管理体制之所以有效，恰恰也是建立在陌生人社会及弱关系形态基础之上的。在“城乡社会”中，无论是村落体制还是城市体制，都无法有效回应治理要求。因此，迫切需要建立一套能够高效回应“城乡社会”需求的乡村治理新体系。

资源密集与乡村治理“内卷化”

在城乡融合的背景下，乡村治理具有鲜明的利益密集型特征。但是，利益密集和治理资源的增加，并不一定会带来乡村治理能力的提高，反而可能出现乡村治理“内卷化”的后果。[①] 乡村治理的资源要素主要包括人、地和钱。在城乡融合发展过程中，通过“以城带乡、以工补农”，现在的乡村治理资源较纯农业社会丰富。根据田野调查数据，平谷区拥有丰富的乡村治理资源。

（1）人。从治理角度看，人主要指行政人员。平谷区政府在编人员大概为1.5万人，各类协管员亦有1.5万人左右。村一级一般都配备3～5名两委干部，除此之外，还有为数不少的办事人员（包括县级政府机构、乡镇政府和村自聘人员）。值得注意的是，平谷区的村干部已经有显著的半职业化特征。他们虽然名义上是兼业的，但通过薪金制和值班制，村干部已经被深深地卷入了行政事务之中。

（2）地。平谷区是一个农业大县，2/3的土地是农用地。当

---

① 贺雪峰:《论乡村治理内卷化——以河南省K镇调查为例》,《开放时代》2011年第2期。

地虽也实行家庭联产承包责任制，但二十世纪八九十年代一直在鼓励发展乡镇企业，导致各村土地的集体统筹性质比较强，主要表现在村集体还掌握着一部分土地，而且哪怕土地已经到户经营，集体也还有一定的统筹能力。村集体掌握着土地等集体资源，村民亦围绕集体资源的分配形成了较为稳定的制度关联。“强集体”的结果是，村庄不仅为农民提供较多的福利保障，包括土地收益分配、岗位安排、工作介绍等，而且还包揽了较多的公共服务职能，农民从生活到生产的一系列需求都由村集体满足。比如，当地农民的农业灌溉和生活用水几乎都由集体供应。

（3）钱。受益于特大城市良好的财政状况，平谷区农村的财政状况都比较好。据平谷区财政局的测算，全县每个村的村级运转经费高达 183 万元 / 年，且还在逐年增加。这个财政投入力度，几乎相当于中西部地区一个乡镇的水平。

可见，受益于较高的城乡融合水平，平谷区在治理资源的投入上，也比一般农业型地区高出一个等级。不过，多年来这些治理资源的投入，仍然是在传统乡村治理体系中进行的。其显著特点是，人、地和钱与属地制度结合在一起，主要表现在以下三个方面。

（1）人地不分。在乡土社会中，人是附着于土地之上的，人际关系也是依赖于土地而形成的。华北农村是一个典型的分裂型村庄，几乎每个村庄都存在行动单位较小的“家门”。迄今为止，当地农民的人情单位还比较完整，在五服以内举办红白喜事。只不过，随着农村集体化的改造和宅基地的管控，“聚族而居”的现象并不明显。尽管如此，“讲面子”仍然是村庄社会的底色，村庄之内的社会关系较为复杂。

人地不分导致的结果是，村庄治理依靠村庄社会关系开展。大体而言，村庄内部形成了“弱治理结构 + 强分利秩序”的典型特征。村庄精英甚多，通过村干部、协管员、村民代表等各种职位设置，他们都被吸纳进了村庄治理结构之中。因此，村庄政治结构往往呈现出多头治理的特点，村干部很难有绝对权威。在村务决策上，较为讲究利益均沾的原则。在这一结构之下，村庄治理容易稀释丰富的治理资源，形成去公共性的、寡头主导的灰色秩序。①

（2）因地生财。土地是村庄治理中最核心的资源。其中，宅基地分配的合理性直接影响村庄治理绩效。尤其是靠近城郊且有拆迁预期的村庄，通过房租和拆迁补偿，宅基地还有变现的可能。而耕地则是普通农业村庄农民的生产资料，当地农民

① 王向阳、吕德文：《基层何以失序：灰色空间中的分配不正义难题——基于北京市问题村 H 村基层治理实践的考察》，《湖湘论坛》2019 年第 5 期。

之所以还可以以农为生，关键就在于农地还有可耕作性。平谷区农村的大部分村庄都已经将土地集体化，集体统筹的能力比较强。也就是说，农民种地的很多生产成本，包括用水、道路和农技服务等，都由集体和政府承担，这也是当地农业产业化得以维持的重要条件。

绝大多数村庄或多或少留有部分土地，都有集体经济收入，这也构成了村庄运转的基础。村集体经济收入无论多少，都极为重要。一方面它是村庄福利分配的主要来源，大部分村庄都有分红；另一方面它也是举办村庄公益事业的支撑，如老年人的年节福利、老年驿站等，都是依靠集体经济补贴运行的。尤其关键的是，由于有村庄集体经济，村民对“村务”较为关心，当地的村民选举比较激烈，村民对公共事务的参与热情也比较高。比如我们调研的某村，每年有 20 万元的厂房出租收入和 60 万元的转移支付，除了必要的人员开支和办公经费外，村集体的收入主要用于举办公益事业，如老年驿站、老年人福利和一站式服务等。

（3）属地管理。在人地不分的认知下，乡村治理体系的设置有极强的属地管理惯性。其突出表现是，治理资源（行政人员、财政资金）的投放都依据行政单元核算，从逻辑上看，行政资源因行政事务而生。但在实践中，只要存在行政单元，无论其行政事务有多少，都必须投放一定的行政资源。以至于行政资源和实际上的人、地规模并不完全匹配。

近年来，平谷区农村的治理因为逐渐复杂化，行政资源的投入也呈现出井喷的状态。多年的因事设岗、因岗招人，导致行政力量过于膨胀，财政投入效率也不高。最为典型的表现是，每个村庄除了村干部之外，还聘请了大量的辅助人员。我们对某村协管员进行了不完全统计，发现该村虽是一个只有 400 多人口的小村，但协管员就有 40 余人，全村 1/10 的人口有工资性收入，他们的月工资从 300 元到 2000 元不等。上级部门、乡镇政府在村里聘用了保洁员、护林员、社保协理员、管水员、安全员等，由于村级行政事务繁多，村委会还聘用了门卫、厨师、清洁员、环境治理协管员、治安协管员、大桥管理员、电工、管道维修工等。

可见，当地乡村治理具有典型的“内卷化”特征。

（1）大量的行政资源是地方政府通过属地机制投放的，从人均计算看，远高于纯农业型地区。

（2）虽然行政资源是按属地机制投放的，但投放和管理的权限却不在属地政府。比如，上级部门聘用的护林员、协管员、安全员等，乡镇无法考核调用；而乡镇聘用的保洁员等，村委会无法有效管理。这就导致了一个现象，大量的行政资源并未转化为属地管理能力。

（3）行政资源投放一般以新治理事务需求为依据，但简单、粗糙的投放方式并未考虑到和属地政府职能、村庄原有治理事务的有机整合。比如，这些协管员本可以身兼多职，提高人力资源的使用效率，但基于部门利益，协管员的统筹力度极小。其结果是，基层在一定程度上表现出机构臃肿、人浮于事的“官僚病”。哪怕是在村庄，也形成了分利秩序，极大地影响了治理效能的发挥。

统筹治理与乡村治理体系重构

2019 年，平谷区被农业农村部确定为乡村治理体系建设的试点县（区），开始系统探索乡村治理体系建设的方法和路径。某种程度上，平谷区之所以能够成为试点县，是因为其在 2017 年便通过“街乡吹哨、部门报到”改革完善了乡村治理体系。这一改革有效处置了基层治理中的“剩余事务”，坚持了“小事不出村、大事不出乡”的基本原则；通过条块整合机制，在极大程度上实现了基层赋权，实现了治理重心下沉（见第3章）。平谷区结合既有的工作基础、现实需求及对城乡融合时代乡村治理体系的展望，作出了系统性、长远性的探索。

乡村治理体系的建构主要包括三个步骤。

（1）解构。县一级是一个完整的治理单元，具备乡村治理的全要素。平谷区通过对县级治理资源的解构，将影响乡村治理的要素分解出来，进行总体评估。比如，县政府通过对财政、国土和其他涉农部门的工作梳理，发现了县级各部门对乡村治理资源的投放情况，并对其中的人、财、物（土地）资源，以及乡村治理事务的分布进行了总体评估。

（2）重构。乡村治理各项资源间的组合，以及治理资源和治理对象之间的匹配，是一项系统工程。在实践中，资源的投入并不必然带来治理能力的提高；只有系统的、正确的资源投放，才能提高治理绩效。从这个意义上，迈向城乡融合的乡村治理体系的建构，核心是建立一套符合“城乡社会”形态的资源投入体系。

（3）实施。乡村治理体系的建构需要找到切入点。乡村治理本质上是对社会关系的调整，不是表面治理、维持秩序，亦非简单地落实上级政策、完成任务，而是以问题为导向，着眼于人和事的实际治理。

从平谷区的经验看，迈向城乡融合的乡村治理体系的建构，主要是通过“到人必整合、到村必协同”的机制建设来实现的。具体而言，这一机制建设主要通过资源投放“出口”的协同整合来实现。行政资源的投入主要依靠两个渠道，一是发改部门的“项目”，二是财政部门的“资金”。理论上，这两个部门都有统筹协调能力，但在传统的乡村治理实践中，“项目”和“资金”的统筹协调功能并未有效发挥，乃至于出现了“内卷化”现象。

自从农村税费改革以来，中央涉农资金投入逐渐形成了可称之为项目制的财政投入方式。资金随项目下乡；项目依靠资金支撑。项目制的最大特点是，通过项目的申报、审批、实施、监管等流程，实现了项目和资金投放的封闭运行。[①]其后果有二：①导致“条条专政”，各项目之间互不干涉，独立运转，承担项目投放的部门具有高度独立性；②导致上级专权，项目制在政府间、上下级间人为制造了“发包—抓包”关系，上级部门拥有对项目实施状况的考核评价权，承担乡村治理任务的乡村两级组织却丧失了自主权。

根据财政部门的测算，平谷区2019年的涉农资金投入为

① 折晓叶、陈婴婴：《项目制的分级运作机制和治理逻辑——对“项目进村”案例的社会学分析》，《中国社会科学》2011年第4期。

16亿元，其中上级投入14亿元，县级投入2亿元。上级投入的资金中，有10多亿元是专项资金，包括美丽乡村建设（6.2亿元）、平原造林（3亿元）、禁养区腾退（1.2亿元），县级财政部门并无可能统筹使用。剩余的资金则以“因素法”投放，用于弥补财力不足，包括农（1亿元）、林（3000万元）、水（1000万元）。名义上，这部分资金不像专项资金那样有严格的投入方向，县级财政有一定的统筹性。但实际上，大多数资金都有“约束性任务”（如拆违），只能按指标执行，所以县一级真正能够统筹的资金极少。

可见，项目制的一大弊端是，它很难将治理资源转化为属地政府的治理能力。属地政府只是项目的执行者，是在完成上级任务，属于典型的“表面治理”。在很多情况下，完成任务越多，越可能弱化乡村治理能力。比如，农业农村局牵头的美丽乡村建设，涉及的资金量（6.2亿元）极大；而税务局主导的污水改造和安全饮水项目，也有极大的资金投入（4亿元），两者在项目实施过程中有交叉之处。美丽乡村建设需要对街坊道路进行改造，而污水处理涉及下水管道的改造，如果项目没有协调，必然会出现道路挖了修、修了又挖的情况。甚至于，税务局自己都无法统筹污水改造和安全饮水这两项工程，导致两项工程在具体实施过程中相互掣肘。在实践中，项目资金浪费极大，也造成了群众的不满。甚至于，当地群众在这种单向性的资源投入过程中形成了严重的政府依赖症，群众参与治理的活力明显不足。

大体而言，资源投放的“出口”协同，主要依靠三个机制解决。

（1）加强项目管理的科学性。在最低程度上，发改部门可以建立县级“项目库”，在可能的范围内进行项目统筹。在现有体制下，县一级无法改变项目的性质，亦无可能整合项目，但在相关项目的工程进度安排等方面有一定的灵活性，这在一定程度上减少了资源浪费。

（2）增加财政部门的统筹性。财政是国家治理的基础，本质上是要通过对资金的分配、使用来治理社会，而不是简单的会计功能。平谷区财政部门正在通过建立“资金池”等方式，整合提高资金使用效率，具体包括两项工作。①“到人”的经费投入整合。平谷区大概有 1.5 万名各类协管员，2018 年已经摸清了人员底数，2019 年已经建立名册，通过协管员“一人多岗”等方式实现“到人必整合”。从财政的角度看，它实质上是通过财政整合来解决条块分割的问题。比如，将县级部门雇用的协管员下放乡镇统一管理使用，职能相近的协管员，如管水员和卫生检测员，护林员和消防员，残联专员和社保协理员，便可以有效整合。②“到村”资金投入整合。无论是项目，还是资金，绝大多数乡村治理资源最终都要投放到村一级。以村为单位核算资金投入量和投入渠道，对于优化资金使用效率至关重要。比如，美丽乡村建设（农业农村局）和环境治理（拆违办）都涉及拆违，具体都指向拆违“点位”，摸清“到村”资金，可以更为科学地规划使用涉农资金。

（3）资源投放“渠道”的协同整合。因投入渠道缺乏协同而导致的资源效率低下问题，在既有的乡村治理实践中甚为常见，其主要环节有两个方面。①条块分割。在城乡融合背景下，大量的乡村治理资源是上级部门以项目形式投放的，资源投放的条块分割现象极为严重。由于地方政府，尤其是乡镇一级政府缺乏统筹，资源投入过程中出现的撒漏、不精准现象极多，甚至于造成反效果。比如，平谷区有 1.5 万名协管员，但在 2019 年之前，连县级政府都不掌握具体数字。由于管理混乱，大多数协管员发挥的作用有限，未能和乡村治理体系有效衔接。②和村民自治脱节。几乎所有上级政府的资源投入都未能考虑到村民自治潜能的发挥，而仅仅是基于行政本位的立场完成某个特定任务。其结果是，往往资源投入越多，越是容易在基层培育一个食利者群体，乡村治理的公共性无法建立起来。平谷区某个有 500 年历史的古村，人口不到 500 人，有 100 多户人家。随着这几年城乡统一的公共服务体系的建设，政府为该村配置了 7 个保洁员打扫卫生，但村庄环境却不见好转。原因便是自从有了保洁员以后，村民便不在意公共卫生，村干部也形成了依赖思想，想方设法通过增加投入来推进人居环境治理任务。

因治理“渠道”的不畅而导致的治理绩效低下，事实上造成了不少问题。平谷区开展“街乡吹哨、部门报到”改革，所要解决的就是乡村治理体系不科学的问题，以提高县乡村三级治理的协同性。其核心是，通过赋予街乡“吹哨”权，将部门的治理合力引导到乡村治理事务中。比如，平谷区曾一度受砂石盗采问题的困扰，街乡政府“看得见”，却“管不着”；而上级执法机关“管得着”，却“看不见”。通过赋予乡镇政府执法权以及对上级部门的“吹哨”权，使治理资源下沉，乡镇政府就有了更多的人、财、物的统筹能力，砂石盗采问题亦得到了根治（见第 10 章）。

更进一步地，平谷区通过“1+x”的机构改革思路，强化职能部门的全局意识和统筹能力。平谷区在最新一轮的机构改革过程中，强化了各机构在乡村治理体系中的职责定位。简单而言，业务部门不单单是处理业务的部门，而是要将业务职能融入乡村治理体系中，通过业务处理来统筹协调全县的乡村治理体系的建构。所以，几乎所有业务部门都首先有一个统筹或配合统筹的职能，也就是“1”，其次才是常规的机构职能，也就是“x”。比如，县财政局仅仅履行“会计”职能是不够的，它不能只做县政府的“管家”，而是要利用财政的杠杆，通过建立“资金池”等措施来优化乡村治理体系，这就是在发挥“1”的作用。过去，司法局仅仅是一个司法行政部门，专业性和业务性极强，在乡村治理中只需承担依法行政职能。但是，在新一轮的机构职能定位中，司法局被明确了全面依法治县的职能，将强化其对乡村治理规范化的统筹作用。在这个意义上，司法局也从一个纯粹的业务部门，上升为一个兼具顶层设计和协调统筹的部门。

其中最典型的是农业农村局的职能定位。在乡村治理体系建设试点工作中，农业农村局是牵头部门，理所当然地需要在乡村治理中发挥统筹协调作用。也因此，县农业农村局和县“三农”工作领导小组的职能相结合，从业务部门变成了一个党管农村、五级书记抓农村工作的统筹协调部门。具体而言，县农业农村局作为县“三农”工作委员会的办公室单位，综合协调全县的“三农”工作；而业务科室则被整合成“三农”工作的各个任务小组，包括基层治理、信息化建设与农地、农村金融和项目、生态环境、农业安全和种植、综合服务、畜牧水产、农业产业化等专项工作小组，每个任务小组在完成科室业务之外，还需要统筹相关职能部门的农业农村工作。

乡村治理体系的重构，归根结底要落脚到事务中。有些事务相对而言比较简单，且专业化程度比较高，以专业分工为基础的行政体系是有效率的。但大量的农村事务具有综合性，专业分工并不一定有效果。有些事务本来就有交叉，比如，医疗和养老高度相关，农村养老的最大资源投入往往就是医疗资源。因此，医养结合是一个趋势。在某种意义上，“1+x”机构改革的思路，其根本也在于实现部门联动。简单而言，“1”所代表的统筹权，实际上确定了部门联动的主导权；而“x”所代表的机构职能，则意味着要配合其他的主导部门进行行动。

本质上，平谷区在乡村治理体系建构的过程中所采取的路径，如对资金、人员和机构的整合，是一种统筹治理方式。统筹治理通过战略规划与管理将治理的参与者、治理的目标和手段有机联结起来，从而寻求与国家发展战略任务相适应的政府治理形态。[①] 在城乡融合发展过程中，大量的治理资源涌入乡村治理体系中，通过协调各个治理主体和渠道，整合各项治理资源，进而提高治理效能，也就成了必然。

① 李瑞昌:《统筹治理：国家战略和政府治理形态的契合》,《学术月刊》2009 年第 6 期。

城乡共治的形成过程

在城乡融合时代，乡村治理的资源具有“以城带乡、以工补农”的特点，其治理事务也具有典型的城乡互动特征。客观上，迈向城乡融合时代的乡村治理体系，需要建立城乡共治的新格局。这一新格局主要表现在两个方面，一是形成城市治理和乡村治理的联动，尤其是治理事务的有效融合；二是要形成政府、社会、群众和企业等主体间的协同。

城乡治理事务的融合，典型地表现在城乡公共服务一体化体系的建立。以平谷区医养联动为例，城乡治理事务的融合建立在三个基础之上。

一是城乡治理对象的融合。平谷区现有 10.36 万老年人，老龄化率达到了 22.6%，其中失能老人有 4687 人，大部分是居家养老。全县现有 38 家养老机构，总床位数是 6082 张，实际入住 2400 人，入住率近 40%。可见，就目前情况而言，群众还是习惯于居家养老。而从基层卫生公共服务体系看，中心医院和卫生室的布点是比较密集的，其服务对象也主要是居家的老年人。从 2017 年开始，平谷区建立了 41 家养老驿站，建设社区养老体系，并使之与基层卫生服务体系匹配。

二是城乡治理机构的协同。医养联动主要是民政部门和卫建部门的联动。平谷区明确卫健委主抓医养联动工作，医疗部门变为主动，针对当地居家养老的现实，以及社区养老驿站的布点情况，合理配置医疗资源。这样平谷区在未增加资源投入，也没有占用医疗资源的情况下，让老年人得到了更好的服务。

三是城乡均等化服务和村级治理的有效结合。在平谷区，医养联动不单是医疗和养老资源的联动，也潜在地激活了社区资源。比如，平谷区的养老驿站几乎都利用了社区资源。某村老年人驿站于2017年建好，2018年开始运营，其中的50万元建设费由村集体出资，且利用的是村集体的旧仓库。该村养老驿站服务内容包括免费早餐、节日福利、休闲娱乐设施等，这些均由村集体来补贴。

城乡治理主体的协同，则建立在党组织领导的自治、法治和德治相结合的乡村治理体系上。在乡村治理体系的建设中加强党的领导，是统筹治理逻辑的衍生。概言之，“城乡社会”提出了新的治理挑战，“乡政村治”模式下的乡村治理体系在城乡融合时代遭遇了“内卷化”困境，而囿于项目制和条块分割等因素，各治理主体间的协同性很难发挥，这就要求在乡村治理中强化统筹能力。而基层党政体制在行政资源整合、政治任务转化、基层组织动员等方面具有明显优势，可以实现多元治理的灵活切换。平谷区加强党建的主要做法包括实行党员网格化、党员积分制和党员亮身份等，这些措施无不与城乡治理的任务结合在一起。比如，通过党员网格化，“门前三包”（指临路和临街所有的单位、门店、住户将担负的市容环境责任三包，即包卫生、包绿化、包秩序）等公共事务得到了较好的解决，有效承接了城乡公共（卫生）服务一体化的要求；通过生态积分制，植树绿化、垃圾分类等环境治理工作得以推动；通过党员亮身份，拆违等重难点工作也得到了有效动员。

中国乡村具有悠久的自治和德治传统，且经过改革开放以来的法律下乡运动，法治亦已深入人心。本质上，自治、法治和德治无替代关系，而是中华人民共和国成立以来乡村治理现代化实践的有效经验。并且，在乡村治理体系的建构过程中，自治、法治和德治都是共建共治共享机制的组成部分。在城乡融合发展过程中，乡村治理的利益主体更加多元，人们的诉求更多，建立城乡共治的新格局就更为迫切。

平谷区作为特大城市的生态涵养区，同时又是农业大区，如何在生态保护和农民利益之间实现平衡，在政府、企业和农民之间实现共治，是城乡融合时代的乡村治理的重要挑战。平谷区针对枯树枝等农业废弃物的治理机制，可谓是城乡共治格局的典型表现。

首先是构建多元主体。乡村治理是多元主体参与的结果，包括政府、企业、社会组织和群众等。共建的核心是要找准各个治理主体的利益连接点。大体而言，在城乡融合发展过程中，政府需要稳定的农村秩序和较高的公共服务能力，企业需要经济效益，群众需要得实惠。平谷区大桃产业产生了大量的枯树枝，不仅污染环境，而且堵塞河道，有安全隐患；群众为处理树枝而增加了生产成本，且生活环境受到了影响，而环保企业则因为没有原料，或是生产成本较高而不愿意进入。基于此，平谷区找到了各方利益结合点，生态治理从政府单一主体推动转变为政府、企业和农民三方共建。政府将对企业、农户的环境治理资金补贴，转移到搭建共建平台、发展绿色产业、引导村民绿色生活上，企业和农户从被动参与转变为主动参与，成了环境治理的主体。

其次是建立共治机制。城乡共治的核心是，要将各个共建主体的治理资源有效协同和融合。平谷区在共治机制上做了大量工作，如上文所述，在城乡共治中发挥党的领导作用，让基层党支部和党员积极参与乡村治理，并引导广大群众积极参与。同时，将政府管理、企业控制和村民自治结合起来，测算城乡共治中的成本和收益，在三者间实现利益共享。从具体的乡村治理方式看，城乡共治并不排斥任何一种治理方法，而是综合采用自治、法治和德治措施，最大限度地实现治理合力。

最后是城乡共享治理效果。在城乡融合时代，乡村治理早已溢出农村，其治理效果为城乡共享。客观上，在城乡共治过程中，乡村治理的目标、资源均依城乡融合程度而定，治理效果当然也会影响城乡融合发展。就生态治理而论，农村因生态文明建设而发展了农业科技产业，加强了农业可持续发展，而城市则获得了生态涵养。

小结

如何准确定位城乡融合时代的乡村治理，是乡村治理体系建设的前提。过去几十年来，“三农”工作一直是重中之重。这是因为，农村稳定关系到国家稳定，农业发展关系到经济建设，农民增收关系到全面建成小康社会的伟大目标。但在城乡融合时代，“三农”工作虽然还是重中之重，但其历史方位已经在调整。简单来说，农村的功能定位只能是稳定器和蓄水池，农业发展很难是农民增收的主要来源。从经济发展的两极看，城市是发展极，农村是稳定极。在这个意义上，乡村治理的主要功能是服务于城乡融合。准确地说，主要是有效承接以城带乡、以工补农的资源，从而更好地服务于乡村振兴。

本章基于平谷区的田野调查，论述了城乡融合发展过程中乡村治理面临的挑战及城乡共治体系的形成机制。研究发现，当前一些地区已经形成了“城乡社会”形态，这一社会形态的治理复杂性远高于乡土社会和城市社会，既有的村落体制和社区体制无法应对不断产生的治理需求。在“以城带乡、以工补农”政策的诱导下，乡村治理出现了利益密集情况。但在既有的乡村治理体系下，资源投入严重依赖项目制和部门体制，治理资源无法有效转化为基层治理能力，出现了乡村治理“内卷化”现象。而平谷区的经验表明，通过部门协调和资源整合，提高地方统筹治理能力，乡村治理可以得到明显优化，城乡共治格局也在“党组织领导的自治、法治、德治相结合”的路径中实现。

在“城乡社会”中，基层治理事务的数量、性质和类型都发生了极大改变，构建城乡共治的乡村治理新格局，是回应这一挑战的必由之路。从平谷区的经验看，城乡共治的乡村治理新格局，主要包括三个内涵。

一是从治理目标看，乡村治理要服务于城乡融合发展。具体而言，乡村治理需要维持农村基本秩序，提供养老、医疗等公共服务，让农村成为城市化的稳定器。

二是从治理体系看，乡村治理不再依赖乡土社会中的简约治理方式，而是要综合运用自治、法治和德治，协同政府、市场和社会的多元力量，在基层党组织的领导下形成统筹治理的新格局。

三是从治理机制看，城乡共治的关键是让密集资源转化为治理效能，“进村必协同”“到人必整合”的资源投放机制，带动了“1+x”机构改革和“街乡吹哨、部门报到”机制。

当前乡村治理研究的议题，需要回应“城乡社会”已经带来的这一重大命题。因此，乡村治理研究从国家与社会关系的视角，转向城乡关系的视角，具有合理性。平谷区处于特大城市的城乡接合部，其在城乡融合发展过程中的功能定位是生态涵养区，这意味着其将长期保持“城乡社会”形态。在乡村治理的任务、内容、机制等方面，平谷区的经验证据表明，城乡互动已然在重新塑造乡村治理实践，这符合城乡融合发展的基本趋势。但是，对于广大中西部农村地区而言，平谷区的资源密集特征并不具有典型性。对于一般农业型地区而言，平谷区城乡共治的乡村治理新格局建构经验的借鉴意义，还需要更多的经验证据和理论探讨。

后记

这本书是我近些年来研究乡村治理现代化议题的一个阶段性总结。在这里，我介绍一下本书的来龙去脉，以便读者了解这本书的问题意识、研究视角和可能的局限。

自从 2006 年跟从贺雪峰教授攻读博士学位，开启了学术之门后，我就一直从事田野调查工作。现在想来，持续至今的调查工作让我对 21 世纪以来的乡村治理变迁有了切身体会。我在博士学习期间，乡村研究的时代背景是“后税费时代”。彼时，人们普遍将取消农业税视作无比重要的历史事件，并将之看作乡村剧变的标志。我们团队在 2009 年年初出版了一套“中国村治模式实证研究丛书”，贺雪峰教授在总序里便提出了乡村剧变的议题。我在家乡调查的基础上写作了《涧村的圈子：一个客家村庄的村治模式》，有幸被纳入丛书出版。

那本书只能算作田野训练作品，谈不上有多高的学术价值，但对我自己很重要，它让我尝试了独立调查、独立提出问题并完整表述。尤其是它在无意间开启了一扇窗，让我能够细致入微地观察基层社会的世道人心。我在 2021 年出版了三本学术随笔，分别是东方出版社出版的《基层中国：国家治理的基石》《大国底色：巨变时代的基层治理》以及中国人民大学出版社出版的《治大国若烹小鲜：基层治理与世道人心》，都与这扇窗有潜在关系。

2009 年，我的博士毕业论文关心的是边缘人与“钉子户”的话题。田野经验揭示，乡村治理并没有因为取消农业税而变“好”，反而处处潜藏着新危机。其中最显著的表现便是边缘人的崛起，以及乡村治理受困于“钉子户”，陷入“少数决”的境地。客观上，这也许是一个好问题，但因田野工作不够扎实，资料不够系统，论文表达并不成功。最终，博士论文还是当作习作出版了，取名为《乡村社会的治理》（山东人民出版社 2013 年版）——内容和书名一样味同嚼蜡。

不过，这篇博士论文却开启了两个新的研究路径。一是从治理“钉子户”出发，我对群众路线等国家治理新传统在规制乡村社会，并塑造现代乡村治理体系中的作用甚感兴趣，并花了几年时间去钻研，出版了《找回群众：重塑基层治理》（生

活 · 读书 · 新知三联书店 2015 年版）。二是为了理解基层社会的灰色秩序，我从 2014 年开始关注并进入武汉的一个街头开展了田野作业，其间对城管执法和摊贩的生存策略做了比较系统的观察。在城市观察和乡村观察间来回穿梭，极大地增加了我的经验质感，这也是我这几年可以轻松自如地发表社会评论并产生一定影响的原因。

在武汉街头做田野调查的那几年，我本觉得自己不会有精力再到全国各地做社会调查了，但这几年乡村社会告别了“后税费时代”的标签，一种全新的社会形态呼之欲出，这不能不让人兴奋。再加上工作需要，我也就顺其自然地继续在农村做田野调查了，且相较于过去，这几年田野调查的内容更丰富、范围更广。所谓念念不忘，必有回响，乡村治理现代化的话题一直萦绕在心，也就有了这本书的产生。

读者可以看出来，这本书的主要视角和观点，和过去的研究发现一脉相承。这本书强调现代化的乡村治理必定是节俭、高效的，而不一定是用高大上的制度和技术支撑起来的，这是基于乡村社会实际存在某种灰色秩序，需要有为而治和“权宜之计”、“底线治理”等相结合而得出的结论。而这本书之所以认为一种基于简约主义传统的乡村治理现代化是存在制度空间的，是因为我们已经积累了许多可以有效运用的工作制度和方法。

本书各章的主要内容大多已在学术期刊上发表。不过，在编入本书时，这些文章都有过修订。一是各章在本书的框架中各有位置，修正了那些影响其位置的表述，尤其是删减了一些在别章已经交代的文献。二是这几年我自己的认识也逐步深化，调整了一些表述的重心和方向，这反映了学术无止境。

这本书是实证研究作品，几乎每一章内容、每一个观点，都源自基层干部和群众的真知灼见。这些年来，我每到一个地方调研，都会结交一批朋友。我们不仅在调查中交流，而且调查后还保持良好的关系，有些甚至成了生活中的好朋友，他们是我学术灵感的源泉。江西永新、北京平谷和武汉新洲是我多次去调研的地方，这本书的主要章节内容都是对当地治理经验的阐释。在这些地方调研，几乎都是源自“偶遇”，但对我而言却留下了最美的风景，不仅有学术灵感，还有人之常情。

一如既往地，这本书的出版需要感谢的人很多，家人、团队以及出版社和期刊的老师，没有他们的支持，就没有这部作品。但我想特别感谢一个人：北京市平谷区委原副书记、原区长汪明浩。他是一位非常睿智、务实的基层领导。很可惜，他已于 2020 年春猝然离世。这本书献给他，以表达我的告慰之情。

上架建议：社会学·政治学

ISBN 978-7-5207-3456-1

9 787520 734561 >

定价：69.00 元